Sur les traces de...

Jules CÉSAR

GALLIMARD JEUNESSE

Pour Eugénie et Léonard
Stéphanie

ISBN 2-07-053698-X

Loi n° 49-956 du 16 juillet 1949 sur les publications destinées à la jeunesse.

1er dépôt légal : septembre 2002 - Dépôt légal : décembre 2005 - N° d'édition : 141842
Photogravure : Mirascan
Imprimé en Italie par EuroGrafica

Sur les traces de...

Jules CÉSAR

raconté par Stéphanie Morillon
illustré par Jean-Philippe Chabot

GALLIMARD JEUNESSE

Sur les traces de...

Jules CÉSAR

BRETAGNE
RHIN
ARMORIQUE
Samarobriva
Quiberon
OCÉAN
ATLANTIQUE
GAULE
Alésia
Avaricum
Bibracte
Saintes
Gergovie
GALICE
RHÔNE
ALPES
GAULE
CISALPINE
PYRÉNÉES
Marseille
Lucques
Lérida
Rome
Capoue
ESPAGNE
Munda
Cadix
NUMIDIE
Thapsus
AFRIQUE

L'EMPIRE AU TEMPS DE CÉSAR

Issu d'une famille patricienne, César est né à Rome en 100 ou 101 av.J.-C. Il est élu consul en 59 av. J.-C. Il se rend célèbre par ses campagnes en Gaule et prend le pouvoir à Rome en 48 av. J.-C. Il meurt assassiné en 44 av. J.-C.

Le neveu de Marius

Dans le vacarme du quartier de **Subure**, en plein cœur de Rome, des cris de joie jaillissent des fenêtres :

– Un garçon ! C'est un garçon !

Des servantes s'affairent autour de la jeune mère, épongeant son front perlé de sueur. La chaleur est étouffante, en cet été de l'**année -100**. Mais cette belle maison possède des jardins bien soignés et des fontaines rafraîchissantes. Aurélia pose sur son fils des yeux émerveillés. Dans un souffle, elle murmure à sa vieille servante :

– Regarde comme il ferme ses poings ! Quel petit air obstiné !

Aurélia, en mère exemplaire, veille à ce que chaque détail du **rituel** soit respecté avec le plus grand soin. Après son premier bain, le nouveau-né est posé sur le sol, puis son jeune père le prend dans ses bras, montrant ainsi qu'il reconnaît l'enfant. Les **offrandes** destinées aux dieux sont abondantes. Au neuvième jour, le fils aîné reçoit son nom : Caius Julius Caesar, comme son père et son grand-père.

Puis on lui passe autour du cou la *bulla*. Cette

Subure : quartier populaire au cœur de Rome.

Année -100 (ou -101) **:** tout le récit se déroule avant Jésus-Christ.

Rituel : ensemble de gestes qui doivent être accomplis lors d'une cérémonie.

Offrande : don offert à une divinité.

petite boule, en or – comme il convient chez les **patriciens** – contient une **amulette** pour protéger l'enfant. Ainsi paré, le jeune fils de famille est prêt à affronter le monde.

L'enfant grandit et reçoit l'éducation qui sied à un jeune garçon de sa condition : lire et écrire aussi bien le latin que le grec, compter avec un boulier, honorer les dieux, respecter les lois. Lorsqu'il a dix ans, sa mère obtient du très réputé Marcus Antonius Gripho qu'il donne des cours à son fils. Ce précepteur d'origine gauloise lui enseigne les règles de l'éloquence.

– N'oublie jamais cela, Caius : pour persuader, ton discours doit à la fois plaire, prouver et émouvoir. Obéis à cette règle d'or et tout ce que tu diras sera vraiment entendu.

Le professeur décèle rapidement chez son élève les plus grandes qualités. Il lui enseigne bientôt l'histoire, la philosophie et la morale. Caius Julius Caesar n'est jamais lassé d'apprendre, tant son esprit vif est curieux de tout.

Sous une apparente délicatesse, César est aussi un athlète ; il est plutôt mince et frêle, mais quelle endurance ! Un esclave est spécialement chargé de l'entraîner. Combattre, monter à cheval, nager, manier les armes… Sur le **Champ de Mars**

Patricien : citoyen romain qui descend des anciennes familles.
Amulette : objet qui préserve des dangers
Champ de Mars : d'abord lieu de rassemblement des troupes, puis lieu de réunion des assemblées du peuple et d'exercice pour les jeunes gens.

ou dans la maison familiale, César est mis à rude épreuve, la résistance physique ne s'obtient pas autrement...

Tandis que sa mère et sa tante Julia se reposent sous une tonnelle et **devisent** tranquillement, César se récite inlassablement les chants de l'***Iliade***. Saisissant un bâton, il imite le combat d'**Achille** contre **Hector**. Les sœurs s'amusent de le voir, emporté dans sa rêverie, mimer avec de grands gestes de rudes empoignades.

– Nous pouvons être fières de notre jeune homme ! déclare Julia. À douze ans, il brûle déjà d'en découdre avec les ennemis de Rome ! Ne sois pas inquiète pour lui ! Il a de réels dons pour la vie publique.

– Et **Marius** lui ouvre la voie d'un brillant avenir, renchérit Aurélia. Ton illustre époux est un véritable modèle pour lui. Le peuple l'admire et il y a de quoi ! Il a **maté** la révolte du roi de Numidie, Jugurtha, en Afrique du Nord. Il a repoussé les invasions des Germains. Rappelle-toi l'accueil que lui firent les Romains ! Il a été élu consul six fois de suite !

– C'était l'année de la naissance de César...

Aurélia soupire, se remémorant ce passé déjà lointain.

– Rome a bien changé depuis, reprend-elle, nous vivons une époque si troublée...

César, que les voix de sa mère et de sa tante ramènent

Deviser : bavarder.
Iliade **:** écrit par Homère, ce long poème raconte la guerre de Troie.
Achille, Hector : héros de la guerre de Troie.
Marius : brillant vainqueur des Cimbres et des Teutons, chef du parti populaire.
Mater : réprimer.

tout à coup à la réalité, les interrompt vivement :

– Marius est aimé du peuple, oui, et même adulé ! Pourtant le **Sénat** fait tout pour l'écarter. Il le craint. Mais quelle ingratitude de la part des nobles ! Lors de la **guerre sociale**, alors que les alliés de Rome se soulevaient, c'est à Marius qu'on a fait appel ! À soixante ans, mon oncle était plus vigoureux que n'importe quel blanc-bec du Sénat !

Sa mère sourit. Il est naturel que son fils prenne le parti de son oncle, celui du peuple contre le Sénat. César poursuit :

– Mais lorsque **Mithridate**, roi du Pont, attaque

Sénat : cette assemblée composée d'anciens magistrats est le fondement de la République romaine, le défenseur de l'État, le gardien de la tradition.
Guerre sociale : de - 91 à - 88, conflit qui oppose Rome aux cités alliées d'Italie.
Mithridate : roi qui veut chasser Rome d'Asie Mineure.

les provinces romaines, que fait le Sénat ? Rien ! Quand Mithridate massacre des milliers de Romains et d'Italiens, le Sénat choisit Sylla, le consul, pour commander les opérations ! Et pourquoi tenir à distance Marius qui est tellement plus apte à conduire une armée ? Parce que c'est un **plébéien** ? Parce qu'il ne connaît pas le grec ?

Plébéien : citoyen qui n'est pas patricien.

Le regard de Julia s'assombrit :

– Tu connais ton oncle, César : il ne pouvait pas abandonner ainsi la partie. Il a finalement obtenu le commandement et s'est trouvé à la tête de Rome. Mais Sylla ne l'a pas accepté : il a mené le siège contre la Ville et y est entré.

Narguer : défier, provoquer.

– Pendant que la Ville s'entre-déchire, Mithridate **nargue** Rome. Et mon oncle a dû fuir car sa tête est mise à prix. On dit qu'il a rejoint l'Afrique...

Tous trois, à vrai dire, sont inquiets. Un silence lourd s'empare d'eux. La chaleur suffocante de l'après-midi a laissé place à une brise légère.

Tout à coup surgit de la pénombre un esclave. Il les salue.

– Que se passe-t-il ? demande la maîtresse des lieux. Tu es tout essoufflé !

– C'est que j'ai des nouvelles de Marius ! répond-il, reprenant à grand-peine sa respiration.

César se redresse. Sa tante ordonne à l'esclave de parler promptement.

– Marius est revenu ! Oui ! Revenu ! répond l'homme.

– Raconte, dit Julia, au supplice.

– Voilà : vêtu d'habits déchirés, cheveux longs et barbe hirsute, le vieux Marius, après avoir pris pied en Italie, a réussi à rassembler une armée. Craignant que sa vengeance ne s'abatte sur la Ville, le Sénat lui a dépêché un envoyé pour lui demander d'épargner les citoyens. Ce que Marius a accepté.

Forum : vaste place publique, entourée de marchés, de temples et de bâtiments publics.

– Bravo ! crie César. Je veux aller au **Forum** demain pour voir mon oncle reçu avec tous les honneurs. De joie, il étreint sa tante puis sa mère. Ses yeux noirs brillent de satisfaction...

Après une nuit de sommeil agité, revêtu de sa **toge** blanche bordée de **pourpre**, l'adolescent se rend à la **Curie**, située non loin de là. Il lui faut traverser le **dédale** de son quartier et filer vers l'ouest.

Dans les rues étroites, la foule se presse. Mais les étals des boutiques ne croulent pas sous les marchandises : l'époque est difficile. Des paysans que la terre ne nourrit plus ont afflué de toute l'Italie. Sans abri, ces malheureux s'entassent dans les ruelles et forment une masse de mécontents qui inquiète les sénateurs. Les tensions populaires tournent vite en révolte sanglante à Rome.

Aujourd'hui, la **plèbe** se rassemble pour fêter le retour de Marius. C'est lui qui a obtenu l'égalité des droits pour les Italiens ! C'est aussi lui qui a réorganisé l'armée de fond en comble, en permettant à tous de devenir soldats !

Toge : vêtement porté par les citoyens romains.
Pourpre : couleur rouge foncée.
Curie : lieu de réunion du Sénat.
Dédale : lieu où l'on risque de se perdre.
Plèbe : vers - 100, ce terme désigne la masse des pauvres.

Agilement, César parvient à se frayer un chemin jusqu'à la Curie, mais la cohue est si dense qu'il ne peut se glisser jusqu'à son oncle. Il aperçoit sa silhouette voûtée par les années, ses cheveux gris...

– Vive Marius ! lance une voix dans la foule.

Des acclamations retentissent de toutes parts. Le vieil homme se retourne et regarde le peuple assemblé.

– À mort Sylla ! Vengeance ! crie-t-on. À mort Sylla !

César, songeur, rentre chez lui. Il ne doit pas dire à sa

mère et à sa tante combien l'homme couvert de lauriers a vieilli, combien son visage lui a semblé torturé par les cauchemars...

Le jeune homme a bien pressenti la colère qui hantait son oncle : excité par les **Furies**, Marius répand la terreur dans Rome. Les partisans de Sylla sont éliminés, égorgés ou bannis. Marius, épuisé, meurt peu de temps après. **Cinna** lui succède, tandis que Sylla combat Mithridate.

Pendant les deux années qui suivent, le jeune homme continue sa formation. Il se rend régulièrement à la Curie, pour assister aux débats politiques. C'est là qu'il apprend la mort de son père. Certes, il a mal connu cet homme si souvent absent, mais son cœur se serre.

« Mon père n'a peut-être pas mené une brillante carrière, mais il a gravi avec dignité les premières marches du **cursus honorum**. D'ailleurs, la mort l'a emporté tandis qu'il exerçait sa fonction de **préteur** à Pise. Désormais, seule ma mère pourra me guider. Ses conseils sont suffisamment avisés pour cela, j'ai confiance... »

D'un geste furtif, il essuie ses dernières larmes d'enfant. Bientôt, il va entrer dans sa seizième année, la cérémonie se prépare...

Furies : divinités du monde des Enfers.
Cinna : un des principaux chefs, avec Marius, du parti populaire, qui veut donner plus de pouvoir à la plèbe.
Cursus honorum : dans la carrière des honneurs, on est, dans l'ordre, questeur, édile, préteur, consul, puis censeur.
Préteur : magistrat spécialisé dans l'administration de la justice.

ROME est la capitale d'un immense empire. Parée de somptueux monuments publics, c'est la ville de tous les pouvoirs. Mais assurer le ravitaillement et le logement d'une population de près d'un million d'habitants est un véritable défi.

Le Forum
Une fois la plaine du Tibre asséchée, c'est là que fut aménagé le premier Forum. Le Forum est à la fois le cœur politique, religieux et commercial de Rome.

Le Forum

Via Appienne

L'*insula*
Construit en briques, c'est un immeuble à plusieurs étages, dont les appartements sont loués. Des centaines d'habitants s'y entassent dans de petites pièces. Les dangers d'incendie et d'effondrement sont permanents.

Les boutiques
Elles sont signalées par des enseignes et débordent sur la rue. Les produits viennent de toute la péninsule et même de tout l'empire par le port d'Ostie. Mais lorsque le prix des denrées s'enflamme, la pression de la plèbe inquiète les hommes politiques.

“ Dans les rues étroites, la foule se presse. Mais les étals des boutiques ne croulent pas sous les marchandises. ”

*Maquette d'***insula**

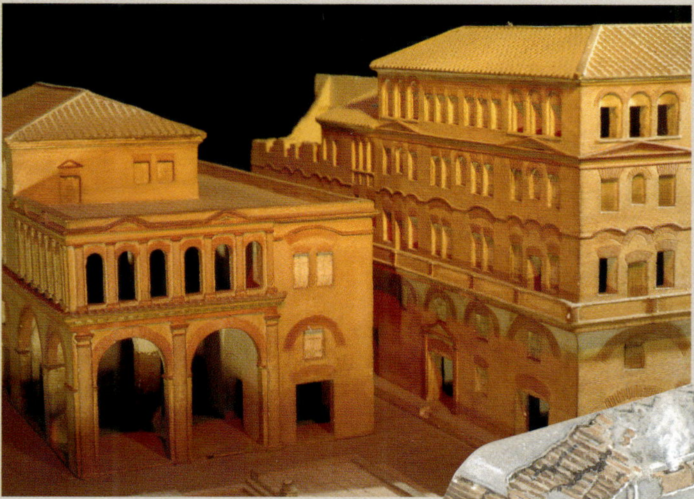

La Via Appienne
Cette voie qui relie Rome au port de Brindisi est la plus ancienne des routes pavées. Les voies romaines permettent aux légions d'accéder rapidement aux frontières de l'empire. Elles facilitent également les échanges commerciaux. Elles sont jalonnées de bornes qui indiquent la distance aux villes les plus proches et le nom de celui qui a ordonné la construction ou la réfection de la route.

Une ville surpeuplée
Les rues étroites, où se presse une foule qui jure et se bouscule, sont encombrées de charrettes.

Les thermes
Ce sont les bains publics, dont le tarif est très accessible. On s'y lave grâce à un système très élaboré de conduites d'eau chaude, mais aussi on s'y rencontre. On y trouve également salles de sport, bibliothèque, boutiques… Rome compte à elle seule plusieurs centaines de thermes publics ou privés.

Thermes

Un jeune homme résolu

Devant le **laraire**, toute la famille de César est réunie. Sa mère, sa tante, ses sœurs, ses oncles, ses cousins, tous veulent assister à cet acte solennel. César avance d'un pas lent vers le foyer. Il dépose le médaillon qu'il porte au cou depuis sa naissance. Il retire sa **toge prétexte** pour revêtir la *toga virilis*, la toge des hommes, toute blanche. Aurélia, ses cheveux noirs tirés en chignon, adopte une mine sévère pour dissimuler son émotion. Cette cérémonie fait de César un adulte. Désormais, il est inscrit sur la liste des citoyens de Rome.

Laraire : autel ou petite chapelle consacré aux dieux Lares (dieux du foyer).
Toge prétexte : toge blanche bordée de poupre, réservée aux enfants ou aux magistrats.

Les serviteurs disposent les plats de viandes rôties, de poissons bouillis, de purée de fèves, les gâteaux aux figues. Ils apportent des amphores d'eau fraîche qui permettront de couper le vin.

– César, assieds-toi à mes côtés. Maintenant il faut sérieusement songer à te placer, dit Aurélia. Avec Julia, nous avons pensé à une alliance des plus intéressantes.

– Laquelle, mère ?

– La fille de Cinna.

– La propre fille de Cinna ?

Charge : fonction, responsabilité.
Flamine de Jupiter : prêtre attaché au culte de Jupiter.
Funérailles : cérémonies en l'honneur d'un mort.

César bondit. Il sait ce que représente une alliance avec la famille du chef du parti populaire, le premier personnage de l'État !

– De plus, étant marié, tu pourras accéder à une **charge** importante. Grâce à l'influence de ton futur beau-père et de ta tante, tu seras **flamine de Jupiter**. Tu sais combien cette haute fonction est contraignante : interdiction de monter à cheval, de s'éloigner de Rome plus de deux nuits, de regarder une armée, d'assister à des **funérailles**, de manger des aliments fermentés, que sais-je encore... Mais tu seras à la hauteur. Ton épouse te tissera le manteau approprié.

– Quand cela va-t-il se faire ?

– Très prochainement, si tout se passe comme je l'espère, répond Aurélia. Rejoins maintenant nos hôtes.

César se lève, et avant de s'éloigner, demande :

– Et comment s'appelle ma future femme ?

– Cornélia. On dit qu'elle est charmante.

Tout se passe comme sa mère l'avait prévu. Et même mieux... Le jour des noces, Cornélia a, comme la tradition l'exige, ramené ses cheveux en six nattes au-dessus de sa tête. Elle est couverte d'un grand voile pourpre attaché à une couronne de fleurs, mais César peut distinguer son regard limpide. Après avoir fait un sacrifice, on inspecte les entrailles d'une brebis. Cette union s'annonce

sous les meilleurs **auspices**. Les deux époux se serrent la main droite en signe de consentement. Lorsqu'il sent la douce main de Cornélia dans la sienne, César comprend combien les dieux lui sont favorables. Elle est faite pour lui et lui pour elle. Jupiter garant des serments, Junon déesse du mariage, Vénus déesse de l'amour et Diane déesse de la maternité, tous accordent leur bénédiction.

Après le repas, quand l'étoile **Vesper** se lève, la mariée quitte le domicile paternel. Les invités l'enlèvent des bras de sa mère et le cortège l'accompagne à la maison de son époux avec des

Auspices : signes envoyés par les dieux pour approuver ou non une action.
Vesper : étoile qui indique que la nuit commence.

chants d'**hyménée**. César l'attend devant chez lui. Il la soulève afin qu'elle ne touche pas le seuil. Dans ses bras, elle est si légère…

Hyménée : mariage.
Atrium : grande cour carrée avec un bassin à ciel ouvert, devenue ensuite une salle de réception.
Gaius, Gaia : cette phrase rituelle indique qu'au mariage, la femme adopte le nom de son époux, en le féminisant.

Il lui offre le feu et l'eau dans l'**atrium**.

– Là où tu seras **Gaius**, je serai **Gaia**, dit-elle.

Et Cornélia fait l'offrande de trois pièces de monnaie, l'une à son mari, l'autre au Lare de la maison, et la troisième au dieu du carrefour le plus proche. Le lendemain, la fête se termine par un nouveau banquet organisé dans la maison de César.

L'amour éclot au sein de cette union savamment négociée. Et de cet amour, naît bientôt une fille qu'on appelle Julia.

Cependant les nuages s'amoncèlent au-dessus des époux. Cinna, le père de Cornélia qui a succédé à Marius, meurt. Sylla revient d'Orient et remonte vers Rome, avec des milliers de soldats qui mettent toute l'Italie à feu et à sang. L'homme brutal pénètre dans la Ville de force et devient **dictateur**.

Revenant du Forum, César cherche son épouse. L'apercevant, il se précipite vers elle.

– Sylla vient d'afficher la liste des **proscrits** ! Ma tête va être mise à prix, mes biens confisqués !

Les beaux yeux de Cornélia laissent couler des larmes amères :

– Je le craignais. Te voilà dans le mauvais camp. Mais si tu dois me **répudier** pour acquérir les faveurs du nouveau maître de Rome…

César, dans un immense sourire, l'interrompt :

– Il n'en est pas question ! Je vais quitter quelque temps la Ville en attendant des jours meilleurs. Je reviendrai rapidement, n'aie crainte !

À l'aube, César quitte la tranquillité de la maison, se faufilant à travers les rues de Rome qu'il connaît si bien. Lorsque le soleil darde ses rayons, il est à la campagne. Les champs de blé ondoient devant lui. Il traverse les

Dictateur : magistrat romain qui a tous les pouvoirs. La dictature est décrétée par le Sénat en cas de situation d'urgence, pour une durée limitée, en principe, à six mois.

Proscrits : hommes chassés ou exilés par Sylla.

Répudier : renvoyer.

marais, emprunte des sentiers, évite les villages, car il sait que les hommes de main de Sylla sont lancés à ses trousses. Il gagne les Monts Sabins, et erre de repaire en repaire. La fatigue commence à se faire sentir. Dormant tantôt dans une grotte, tantôt dans une grange, il se nourrit peu : un morceau de fromage et un quignon de pain offerts de temps à autre par un berger, l'eau claire des rivières. De plus en plus épuisé, il est atteint de fortes fièvres. Sa vue se trouble, il s'évanouit...

Après avoir repris quelques forces, il se rend au premier village et apprend que sa mère fait jouer ses relations pour obtenir la levée du **bannissement**. César connaît bien l'obstination d'Aurélia, il sait qu'elle va réussir à convaincre Sylla de le laisser rentrer. En effet, le dictateur finit par céder de mauvaise grâce, en s'exclamant :

– Dans ce César, il y a plusieurs Marius !

Bannissement : si le bannissement (condamnation à quitter le pays) est levé, César aura le droit de revenir à Rome.
Babillage : petits bruits qui ne sont pas encore des mots.

Le fugitif ne tarde pas à revenir. Il reste alité, soigné par sa mère et par sa femme. Allongé sur sa couche, les gais **babillages** de sa fille parviennent jusqu'à lui. Ce retour est si doux après les épreuves qu'il a subies. Mais bientôt, les amis de César le mettent en garde :

– Tu ne dois pas rester à Rome. Sylla peut changer d'avis, il est si imprévisible...

César acquiesce : une fois rétabli, il quittera la Ville.

L'occasion se présente bientôt. Il va escorter Marcus Minucius Thermus jusqu'en Asie, province dont celui-ci a la charge. **Mytilène** doit être châtiée car elle tient tête à Rome. César s'acquitte à merveille de sa mission. Pour sa bravoure, il reçoit même la **couronne de feuilles de chêne**. Mais tout cela le tient éloigné de chez lui pendant trois ans.

Mytilène : ville grecque située sur l'île de Lesbos.
Couronne de feuilles de chêne : récompense importante mais inférieure à la couronne de lauriers.

Ayant passé quelque temps à Rome, il repart. Cette fois, il se dirige vers **Rhodes** auprès du savant Apollonios Molon qui pourra l'aider à perfectionner son art de l'éloquence.

Après quelques jours de navigation, le bateau vogue tranquillement au large de l'Asie Mineure. Soudain, le serviteur chargé de scruter l'horizon s'écrie :

– Alerte, des pirates se dirigent droit vers nous !

César ne se laisse pas impressionner par ces bandits :

– Qui êtes-vous ? Que voulez-vous ? Vous regretterez de vous être attaqués à moi.

– Donnez-nous vingt **talents** et nous passerons notre chemin !

– Vingt talents ! Je vaux bien plus ! Si tu ne veux pas m'humilier, n'exige pas moins de cinquante talents !

Rhodes : île grecque, fidèle alliée de Rome, réputée pour ses écoles de rhétorique et d'arts.
Talent : monnaie de très grande valeur.

Les pirates sont désarçonnés par un tel aplomb.

– Eh bien soit, nous ne vous relâcherons pas à moins de cinquante talents !

César envoie deux hommes de confiance sur la côte pour réunir la rançon.

– Ces préliminaires étant réglés, je vous prie, maintenant, de ne plus déranger ma lecture.

Mais l'embarcation est loin de la côte, la somme est très importante, et les hommes de César mettent du temps à la rassembler. Les semaines passent dans une morne attente. Peu de distractions à bord... César compose des vers. Il les lit à ses rançonneurs qu'il trouve peu sensibles à ses dons :

– Espèces d'indécrottables barbares, de brutes épaisses, vous êtes incapables d'apprécier la poésie !

Au bout de trente-huit jours, les compagnons de César finissent par revenir de **Milet** avec la rançon. Les pirates libèrent leur otage et s'éloignent mais César est bien décidé à les poursuivre. Il parvient à ses fins et, joie ultime, récupère le butin ! Il condamne ses ravisseurs à la crucifixion.

– Depuis que Rome est affaiblie, notre mer est infestée de pirates. Il fallait que je réagisse, se justifie-t-il.

Peu de temps après, il apprend qu'il doit succéder à un de ses parents au **collège des grands prêtres**. À bord d'un petit bateau, accompagné seulement de deux amis et d'une dizaine d'esclaves – il vaut mieux éviter d'attirer l'attention des pirates –, César rentre enfin à Rome...

Milet : ville grecque de la côte d'Asie Mineure.

Collège des grands prêtres : la religion est dirigée par des prêtres qui se désignent entre eux, ou se succèdent au sein d'une même famille.

LA RELIGION ROMAINE est un mélange de croyances issues de l'Italie ancienne et d'éléments extérieurs. Aux rites étrusque, romain et grec s'ajoutent les pratiques orientales (égyptiennes et syriennes). Parmi les innombrables dieux de la religion romaine, les douze dieux grecs du panthéon olympien tiennent une place de choix.

Jupiter

Mars et Vénus

Jupiter
Roi des dieux, il représente la toute-puissance. Il est le dieu du ciel et des phénomènes célestes, symbolisé, comme Zeus, par l'aigle, la foudre et le sceptre. Jupiter, Junon et Minerve forment une triade vénérée au Capitole.

Mars et Vénus
Dieu de la guerre, comme Arès, Mars est représenté avec un casque et des armes. Il est souvent associé à Vénus, déesse de l'amour et de la beauté, comme Aphrodite.

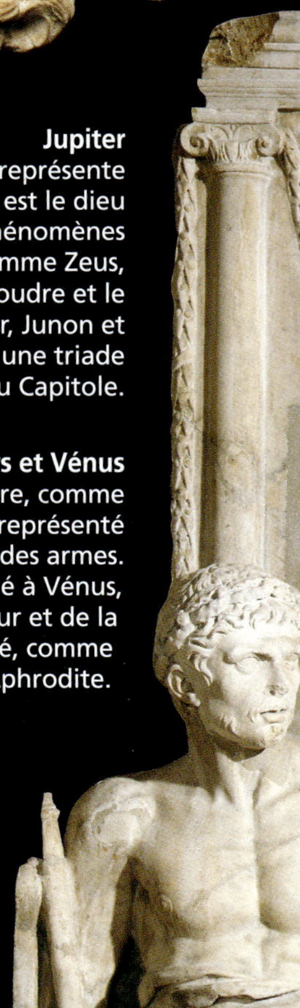

Préparation d'un sacrifice

“Après avoir fait un sacrifice, on inspecte les entrailles d’une brebis.”

Les dieux Lares
Ce sont des divinités chargées de veiller sur les carrefours, les routes, les champs, les jardins et les maisons. Les Lares sont représentés en habits courts pour indiquer leur agilité.

Le temple
Les Romains sont généralement tolérants à l’égard des cultes étrangers et adoptent les dieux locaux. Ils leur construisent des temples en diffusant et en reprenant le modèle grec.

Lares

Les sacrifices
Lors des sacrifices publics, la fête commence par un cortège qui s’achemine jusqu’à l’autel situé devant le temple. Après la mort de l’animal (taureau, bélier ou cochon), les entrailles sont examinées par l’haruspice.

Temple de Jupiter Héliopolitanus

Une lente ascension

À peine arrivé à Rome, César retrouve Aurélia :

– Mère, je viens te remercier car c'est à toi que je dois cette nomination !

– Mes liens amicaux et familiaux avec quelques **pontifes,** répond Aurélia, l'ont largement facilitée, c'est certain. Tu fais désormais partie, à vie, de l'**instance suprême** qui contrôle tous les cultes officiels et privés... Tu as vingt-sept ans maintenant, je t'épargnerai donc mes conseils, mais j'aimerais savoir ce que tu comptes faire.

– Tout simplement cultiver ma **notoriété**, tisser des liens, avec les uns, les autres...

– Tu as raison, se faire apprécier de tous, être amical et généreux, y compris avec les gens les plus modestes, cela contribuera à assurer ton avenir politique.

– Oui, mère, je préfère ne pas me précipiter. Les événements peuvent parfois s'emballer... Sais-tu ce qui se passe en Campanie ?

– Tu veux parler de cet esclave, **Spartacus**, échappé d'une école de gladiateurs à Capoue ? On dit qu'il attire

Pontife : prêtre.
Instance suprême : groupe de ceux qui détiennent la plus grande autorité, le pouvoir de décision.
Notoriété : réputation, célébrité.
Spartacus : ancien berger thrace, devenu gladiateur à Capoue, qui prend la tête d'une révolte contre Rome.

une foule de vauriens, de toutes origines... Et cet homme semble remarquablement intelligent. Qui sait ce que pourront faire ces hors-la-loi, si leurs rangs continuent à grossir ?

Aurélia a raison de s'inquiéter. Spartacus s'appuie sur des hommes solides, le plus souvent des prisonniers de guerre réduits en esclavage, insensibles aux blessures, braves jusqu'à la témérité. Plutôt que de mourir sous les coups de fouet ou dans l'arène d'un cirque, ils préfèrent se battre pour leur liberté. Le Sénat n'y prête d'abord guère d'attention. **Pompée** soutient de rudes combats en Espagne, les meilleures **légions** y sont engagées. On charge donc le préteur Varinius de rétablir l'ordre en Campanie. Mais, dix jours plus tard, vêtu de son grand manteau rouge de chef d'armée, il doit, devant le Sénat, avouer sa piteuse défaite.

Pompée : un des plus brillants généraux de son époque. Vainqueur en Espagne et en Orient.
Légion : unité de l'armée romaine qui regroupe environ 6 000 soldats.

Les troupes de Spartacus s'élancent vers les campagnes. Par petits groupes, les gladiateurs pénètrent dans les domaines, tuent les maîtres des opulentes villas, libèrent les esclaves, s'emparent des réserves et, après avoir incendié les bâtiments, regagnent les montagnes. Dès l'automne, toute la région est mise à feu et à sang.

Les compagnons de Spartacus rencontrent la légion dirigée par le consul Gellius. Les combats entre légionnaires et esclaves sont sans merci. Les gladiateurs abattent les soldats les uns après les autres, enjambant les cadavres.

Lorsqu'il ne reste qu'un groupe de quatre cents légionnaires, Spartacus demande à ses hommes de les épargner.

– Donnez-leur à boire et à manger, et ne leur faites aucun mal, dit-il à ses hommes surpris.

Le lendemain, il s'adresse ainsi aux soldats :

– Placez-vous par deux, comme on le fait dans l'arène. Luttez un contre un, jusqu'à la mort. Celui qui refuse ou qui combat trop mollement sera crucifié.

Les légionnaires sont prêts à affronter les pires atrocités de la part de leurs ennemis, mais se combattre entre eux leur semble au-dessus de leurs forces ! Comment lutter contre ses propres compagnons ? Des amitiés solides se sont nouées au cours des marches et des combats ! Pourtant, lentement, ils se mettent en place. Ils connaissent la férocité dont Spartacus est capable.

Entourés par les gladiateurs qui se sont disposés en cercle, les duels s'amorcent. Les spectateurs jettent des **invectives** aux plus **timorés**, les excitent par leurs hurlements. Lorsqu'il ne reste qu'une dizaine d'hommes, au soir, exténués par les coups, Spartacus ordonne de les achever.

Les révoltés, rejoints par une nuée de déshérités, ravagent toute l'Italie. Rome tremble. Le Sénat se tourne alors vers Marcus Licinius **Crassus** et lui vote les pleins pouvoirs. Cet homme est richissime. Il a bâti une fortune immense, du temps de Sylla, sur le dos des proscrits.

Invective : parole violente.
Timoré : craintif.
Crassus : homme politique partisan de Sylla.

Lauriers : la couronne de lauriers est portée par les généraux lors de leur triomphe.

« Je vais surpasser Pompée qui est en train de glaner des **lauriers** », se dit-il.

Il fait équiper douze légions à ses frais et pourchasse les hordes de Spartacus. Une dizaine de milliers de rebelles parviennent quand même à s'échapper. Affolé, Crassus fait appel au Sénat :

– Faites revenir Pompée d'Espagne ! Sinon, une fois encore, les esclaves viendront aux portes de la Ville !

Crassus réussit à acculer les hommes de Spartacus à une bataille rangée en Lucanie. Il les disloque, les massacre avec d'autant plus d'acharnement qu'il apprend que Pompée vient de franchir les Alpes. Spartacus, blessé à la cuisse par une flèche, se bat jusqu'au dernier souffle. Son corps disparaît sous un monceau de cadavres.

La révolte est enfin matée. Crassus reçoit les honneurs du vainqueur. Cependant, quelques milliers d'esclaves sont encore à même de combattre. Pompée, revenu d'Espagne où il a rencontré un succès total, extermine les dernières bandes de révoltés. Il s'attribue tout le mérite de la victoire :

– Crassus a peut-être vaincu le mal. Mais c'est moi qui en ai extirpé la racine !

Triomphe : récompense accordée par le Sénat à un général vainqueur.

Ovation : récompense inférieure au triomphe.

Tandis qu'agonisent les compagnons de Spartacus sur les croix qui jalonnent la voie Appienne de Rome à Capoue, Pompée obtient le **triomphe**. Crassus n'a que l'**ovation**. Modeste

est sa récompense, grande est son amertume.

Bien qu'ils soient concurrents, les deux hommes vont devoir s'entendre car ils ont besoin l'un de l'autre. L'un est le favori du peuple, le général invaincu, l'autre est à la tête d'un immense empire financier, le premier **usurier** de la Ville. Le Sénat se méfie d'eux, mais il leur accorde tout de même le **consulat**.

Usurier : personne qui prête de l'argent avec intérêt.
Consulat : reçoivent le consulat les deux magistrats les plus importants ; ils dirigent l'armée et font appliquer les lois.
Tribun militaire : officier supérieur. Il y en a six par légion.

Pendant ces trois années de combats contre les esclaves révoltés, César reste à Rome. En 72, il est désigné, comme vingt-quatre autres jeunes Romains, **tribun militaire**.

Le jeune homme ne manque pas d'amis, il est invité dans toutes les fêtes et les banquets de la bonne société où l'on apprécie son esprit. C'est un mondain qui goûte les plaisirs de la vie, sans paraître trop se soucier du lendemain. Nul n'ignore son talent d'orateur, même Cicéron qui l'a admiré lors d'un grand procès.

Comices tributes : assemblées du peuple romain qui élisent les magistrats.
Questeur : premier échelon de la carrière des honneurs.

Évitant de prendre part aux manœuvres de Crassus et de Pompée, il n'omet pas pour autant d'avancer ses pions sur l'échiquier de la vie publique. Les **comices tributes** le désignent **questeur**. C'est une lourde tâche : il s'agit de gérer les

finances et de veiller sur l'ensemble des comptes. Envoyé en Espagne du Sud, il sillonne la province en tous sens, rencontre nombre de personnes à Cadix, Séville, Cordoue... Mais, brutalement, il doit rentrer à Rome. Sa tante Julia, veuve de Marius, est morte.

« Cette cérémonie ne passera pas inaperçue », se promet César.

Il organise lui-même de fastueuses funérailles. Le peuple, prévenu par les crieurs, assiste avec plaisir aux grandes cérémonies publiques. La **procession**, précédée par les joueurs de flûte, le chœur des pleureuses et les porteurs de torches, se rend de la maison de Julia jusqu'au Forum. Un char richement orné transporte une **litière** sur laquelle repose la défunte. Les ancêtres célèbres et les parents décédés sont représentés par des acteurs, qui portent des masques et des insignes.

Procession : défilé religieux.
Litière : sorte de lit ambulant.

La procession, sur un signe de César, s'arrête. Tout à coup, un splendide portrait de Marius est dévoilé. C'est comme si le glorieux général, mort il y a dix-sept ans, était présent. Marius, proscrit par Sylla, déclaré « ennemi de la patrie », Marius dont l'interdiction de montrer le portrait n'a jamais été levée ! La foule applaudit son chef bien-aimé, ce chef issu du peuple. Et, à travers Marius, c'est César qui est loué.

Reparti jusqu'au Forum, le cortège s'immobilise près de

Rostres : tribune décorée d'éperons de navire, d'où les magistrats parlent au peuple.
Oraison funèbre : discours prononcé en l'honneur d'un mort illustre.

la Curie. On se groupe autour des **Rostres**, pour écouter l'**oraison funèbre** que César s'apprête à prononcer. Le peuple fait silence. Devant un auditoire suspendu à ses lèvres, il se lance dans l'éloge de Julia :

– Du côté de sa mère, ma tante descend des rois, du côté de son père, elle se rattache aux dieux immortels. C'est de Vénus que descendent les Jules et nous sommes une branche de cette famille. Julia unit donc au caractère sacré des rois, qui sont les maîtres des hommes, la sainteté des dieux.

Une clameur retentit. L'émotion est à son comble. Si Julia a de si extraordinaires origines, César lui-même n'est-il pas un descendant de Vénus ?

Au Sénat, ce discours suscite de vifs remous. César s'attribue des origines mythiques ! Il se prend pour le fils des rois et des dieux ! Quelle audace !

Malheureusement, peu après, un nouveau deuil frappe César. Il perd sa jeune épouse, Cornélia, qui n'avait pas trente ans.

Le peuple participe avec chaleur aux funérailles de la jeune femme. Les traits de César sont figés. Ses yeux sombres pénètrent en chacun. Tous partagent sa peine. On apprécie cet homme plein d'affection et de sensibilité...

– C'est un homme de cœur, dit-on à travers la Ville. C'est un homme comme nous.

DEPUIS LA FIN DE LA ROYAUTÉ, en 509 av. J.-C., la République *(res publica)* est « la chose du peuple ». Chaque citoyen, par son étroite union à la communauté, est solidaire des autres. La liberté du peuple est donc garantie, ainsi que celle de l'État. L'idée de royauté est complètement rejetée par les Romains.

Le vote aux Comices
Le citoyen reçoit une tablette qui lui sert de bulletin de vote. Après être passé sur un pont qui sert d'isoloir, il dépose le bulletin dans l'urne.

Les patriciens
À l'origine, ils sont les seuls à détenir le pouvoir et forment une sorte de noblesse héréditaire. Mais avec la République, les plébéiens vont davantage participer à la vie publique. Seuls les patriciens ont le droit d'exposer le portrait de leurs aïeux ayant exercé des magistratures et de les montrer aux funérailles de leur famille. Les plébéiens obtiendront ce droit plus tard.

Vote aux Comices (assemblées dans lesquelles le peuple délibère et vote)

« Le Sénat se tourne alors vers Crassus et lui vote les pleins pouvoirs. »

Jules César
Jules César a été un général *(imperator)*, un consul, un dictateur, mais n'a jamais été empereur... Mais le nom de César désignera ensuite tous les empereurs romains. Les Russes appelleront leur empereur « tsar », déformation de César.

Patricien avec ses ancêtres

Les magistrats romains
Ils ont emprunté aux Étrusques leur toge bordée de pourpre et leurs insignes du pouvoir, en particulier la chaise en ivoire et les faisceaux (verges liées autour d'une hache).

Magistrat romain

La Curie
C'est le lieu où se réunit le Sénat sur le Forum pour débattre des affaires publiques. Par extension, le terme désigne le lieu de réunion d'une assemblée.

La Curie, à Rome

Un homme politique habile

Dominant son chagrin, César retourne en Espagne, où il est toujours questeur. Cependant, à Cadix, devant la statue d'**Alexandre le Grand**, de sombres pensées l'envahissent.

Alexandre le Grand : roi de Macédoine (au IVe siècle av. J.-C.), il conquiert un immense empire qui s'étend jusqu'en Inde.

« Quel homme extraordinaire ! Quel génie ! À trente-deux ans, il avait déjà soumis l'univers ! Et moi, au même âge, de quelle victoire puis-je m'enorgueillir ? »

Après quelque temps, il retourne à Rome. L'inquiétude est à son comble. Les pirates grouillent dans toute la Méditerranée. Les convois de blé sont sans cesse interceptés, ce qui perturbe le trafic commercial et fait monter les prix. Sans parler du nombre impressionnant de voyageurs qui sont dépouillés !

Pompée est chargé de remettre de l'ordre : en quelques mois, la mer est pacifiée. Mais ses talents militaires s'étendent bien au-delà. Il part en Asie Mineure combattre Mithridate. Rome, avertie des exploits du général, se félicite d'être aussi bien défendue.

Tandis que Pompée parcourt ces lointaines contrées,

Édile : magistrat dont la charge dure un an.

César progresse dans la carrière des honneurs : en 65, il devient **édile**. Avec ses collègues, il est chargé d'assurer l'approvisionnement de la Ville et d'y faire régner l'ordre. Mais le plus plaisant, en tout cas pour César, est d'organiser les jeux du cirque… Et il s'est taillé une solide réputation dans ce domaine. Il a d'ailleurs une idée qui va encore exaspérer bien du monde :

– Pour commémorer la mort de mon père, je vais offrir au peuple le combat de gladiateurs le plus prodigieux qu'on ait jamais vu ! annonce-t-il à ses proches.

Il réussit à aligner trois cent vingt paires de gladiateurs, tous revêtus de cuirasses d'argent ! Rome est éblouie.

Sa mère s'inquiète des folles dépenses engagées :

– Comment fais-tu pour rassembler de telles sommes ?

– Je fais comme tout le monde, j'emprunte !

– Prends garde à limiter tes dettes, tout de même.

– Ne t'inquiète pas, je saurai bien les rembourser !

César est très populaire, mais il s'est aussi fait des ennemis. On le soupçonne d'avoir des ambitions cachées et on se méfie de ses initiatives extravagantes. César s'en moque : il lance un nouveau défi au Sénat en faisant restaurer les **trophées** de Marius. Et le nombre de ses admirateurs grandit encore.

En 63 cependant, il doit affronter une situation délicate. **Catilina**, qui a déjà eu affaire à la justice pour des motifs graves, se présente pour devenir consul. Cet homme dangereux a tout de même quelque intérêt : il promet d'annuler toutes les dettes s'il est élu... Beau programme qui en séduit plus d'un ! Les pauvres, en particulier, le soutiennent. Mais Cicéron l'emporte finalement au consulat et Catilina décide de se venger de son rival en organisant son assassinat... Heureusement, la **conjuration** est déjouée à temps ! Cicéron réclame la peine de mort pour le traître et ses complices. César est amené à faire part de sa position : il veut à la fois ménager le peuple – favorable à Catilina –, et le Sénat – qui, lui, soutient Cicéron. Alors que tous attendent son discours, César se lève et déclare :

– Vous souhaitez infliger la peine de mort aux conjurés. Comme vous, je suis profondément choqué par les abominables projets de Catilina. Comme vous, je pense qu'il faut mettre un terme à ses ignobles agissements. Le climat **déliquescent** qui règne en politique doit cesser et faire place à la rigueur morale. Mais la mise à mort de Catilina **assainira**-t-elle pour autant les mœurs ? Il n'est pas conforme aux usages de

Trophée : édifice décoré de statues pour célébrer une victoire militaire.
Catilina : membre du parti populaire, comme César.
Conjuration : complot.
Déliquescent : décadent, affaibli.
Assainir : purifier.

mettre à mort des hommes de rang et de naissance illustres.

Les sénateurs écoutent, visiblement sensibles aux arguments de César. Pour finir, celui-ci recommande de mettre aux fers les conjurés et de reporter le procès à plus tard lorsque le climat sera apaisé.

Aurélia, après la séance, commente l'intervention de son fils :

– Ta position est habile, César, tu n'as pas renié certains de tes partisans. Mais on ne peut pas non plus t'accuser de soutenir des fauteurs de trouble. Tu apparais comme un homme de principe, un défenseur de la tradition.

– Certes, même si les sénateurs se sont laissé convaincre par Cicéron et ont fait exécuter Catilina et ses complices...

César aime entendre la voix chaude de sa mère lui dispenser des conseils. Allongé, il déguste les boulettes de viande disposées sur la table basse devant lui.

– On dit que Quintus Metellus Pius, le grand pontife, est mourant.

Aurélia devine la pensée de son fils.

– Et tu te verrais bien lui succéder... La plus haute **charge sacerdotale**...

César se lève, ajuste les plis de sa toge d'un geste sûr, et dit en l'embrassant :

– Ma mère, tu verras ton fils grand pontife ou exilé !

Tandis qu'il s'éloigne déjà, elle lui lance :

Charge sacerdotale : fonction religieuse.

Créancier : personne à qui l'on doit de l'argent.

– Tu prends des risques. C'est quitte ou double !

Aurélia songe aux sommes fabuleuses que César va encore emprunter pour sa campagne... Ou il gagne, et ses **créanciers** patientront. Ou il perd, et ils renonceront à le soutenir. Heureusement, César est élu !

Mais de nouveaux désagréments l'attendent : on dit que sa nouvelle femme, Pompéia, a reçu chez elle un jeune patricien. César coupe court à toutes ces rumeurs : « La femme de César est au-dessus de tout soupçon. » Pourtant, quelque temps après, il la répudie...

Bientôt, une nouvelle se répand dans Rome : Pompée revient ! Couvert de gloire, il réapparaît après cinq ans d'absence. Deux jours entiers sont consacrés à son triomphe avec un défilé de tableaux représentant les pays conquis, les portraits des rois vaincus et des chariots regorgeant de richesses. Sur son char, à la tête du cortège, Pompée savoure son succès.

César ne fait pas partie des spectateurs. Il est à nouveau en Espagne du Sud, province où il a été questeur sept ans plus tôt. Cette fois, il en est le gouverneur. Il a les coudées franches en tant qu'administrateur et chef de guerre.

« C'est peu, à côté des responsabilités qu'a eues Pompée, se dit-il. Mais c'est beaucoup si on sait en tirer avantage... »

Il réside à Cordoue, dans la plaine du Guadalquivir, riche en céréales, en huile d'olive et en vin. La contrée est calme et agréable. Mais, plus au nord, des tribus de montagnards opposent une résistance farouche aux Romains.

– Il faut mettre un terme à leurs provocations. J'ai une idée qui va surprendre tout le monde...

César fait **appareiller** une flotte, et, audace extraordinaire, la lance sur l'océan. C'est la première fois que les troupes romaines voguent sur l'Atlantique ! La **Galice** est soumise rapidement et le **tribut** est versé. Une part du butin est envoyée à ses créanciers et une part est partagée entre ses soldats. Fier de sa victoire, César rentre à Rome.

Pendant ce temps, la Ville est agitée par un conflit opposant Crassus et Pompée. Le général vainqueur a dû **licencier** ses troupes après ses victoires en Orient. Il est en mauvaise posture vis-à-vis de Crassus qui est à la tête d'un véritable empire financier. Là encore, César innove : il s'offre comme **médiateur** et propose une alliance à trois. Il ne veut qu'une seule chose en échange : leur appui pour le consulat... et il l'obtient.

César, le front haut et bombé, le regard sévère, parcourt la Via Sacra au matin du 1er janvier 60, enveloppé dans sa toge blanche bordée de pourpre. Le nouveau consul, accompagné de ses douze **licteurs** et d'une foule d'amis et de **clients**, entre dans le temple de Jupiter Capitolin. Il sacrifie un taureau dédié au dieu et ouvre la première séance de l'année à la Curie :

Appareiller : préparer le départ.
Galice : région nord-ouest de l'Espagne.
Tribut : impôt à payer au vainqueur.
Licencier : renvoyer.
Médiateur : intermédiaire, arbitre.
Licteur : il annonce l'arrivée d'un magistrat, lui ouvre la voie, l'escorte.
Client : homme qui se met sous la protection d'un puissant. En retour, son patron lui rend divers services.

– Nous devons faire taire nos divisions, pour le bien de tous, pour le bien de la République !

César prend des mesures très populaires, étant donné la misère qui sévit à Rome. Il est si actif que l'on dit : « C'est l'année du consulat de Jules et de César » ! Il fait distribuer des terres à tous les **vétérans**. Cette disposition, sage et réaliste, a suscité pourtant de nombreuses oppositions...

Le **triumvirat** fonctionne, bon an, mal an. Afin de sceller leur entente, César marie sa fille, l'intelligente Julia, à Pompée.

Un soir où le soleil s'épanche en rougeoyant derrière le Capitole, il se confie à sa mère :

– Cette atmosphère de rivalités m'épuise.

Aurélia partage cette lassitude :

– Affaires, coups bas, calomnies... Quelle époque !

– Mère, je rêve de conquêtes. Je rêve de gloire. Je rêve d'un pouvoir indiscutable.

Aurélia sourit.

– Sur quelles contrées jettes-tu ton dévolu ?

– Le **tribun** Vatinius va me proposer à l'assemblée du peuple pour être **proconsul** de la **Gaule cisalpine** et de l'Illyrie pendant cinq ans.

Sa mère songe : « Cinq ans, où serai-je dans cinq ans ? »

Mais qu'importe, le regard de César est désormais tourné vers d'autres horizons.

Vétéran : soldat ayant achevé son service.
Triumvirat : association de trois chefs militaires à la tête de l'État.
Tribun : magistrat ou officier.
Proconsul : ancien consul chargé du gouvernement d'une province.
Gaule cisalpine : région du Nord de l'Italie devenue province romaine en - 82. Elle est limitée au sud par le Rubicon.

L'ARMÉE ROMAINE est très organisée, hiérarchisée et disciplinée. Elle devient de plus en plus une armée de métier, car les riches se font exempter, tandis que les pauvres s'engagent pour obtenir la solde.

« Couvert de gloire, Pompée réapparaît. Deux jours entiers sont consacrés à son triomphe... »

Les armes
Les Romains ont copié les armes de leurs adversaires, empruntant la cuirasse aux Macédoniens, la cotte de maille aux Gaulois, le bouclier ovale et le javelot aux Samnites, le glaive court aux Espagnols.

Triomphe de Tibère

La cavalerie
Les cavaliers ont un armement léger, pour plus de mobilité. Ce sont souvent des auxiliaires germains, thraces, espagnols, gaulois, numides...

Cavalier romain

Le triomphe
Le chef victorieux, sur un char de parade, défile avec ses troupes, ses prisonniers et le butin, du Champ de Mars au Capitole, par la via Sacra. Une couronne est tenue au-dessus de sa tête. Sur ses épaules, l'*imperator* porte un manteau pourpre.

La réforme de Marius
En 107 av. J.-C., Marius est élu consul lors de la guerre contre Jugurtha ; il a besoin de lever de nouvelles troupes et fait appel aux volontaires. Désormais, les soldats sont liés au général, qui leur procure butin, terres et richesses. Il ne s'agit plus d'obéir à la Cité, de défendre le territoire, mais de conquérir de nouvelles terres.

Recensement

Le recensement

Tous les cinq ans, les citoyens font leur déclaration. Ils sont ensuite classés suivant leur fortune. Cela détermine leurs droits et leurs devoirs militaires, politiques et fiscaux. Cette cérémonie à la fois politique et militaire a, comme tous les actes collectifs, un aspect religieux.

Glaive avec son fourreau

Officiers et légionnaires

La légion

C'est l'unité de base de l'armée. Pendant la République, les légions n'ont pas de commandement ou de cantonnement fixe. À partir de Marius, une légion se compose de 30 manipules. Un manipule comprend deux centuries (200 hommes). Une légion compte donc 6 000 hommes.

Le temps des conquêtes

Dans sa villa aux portes de Rome, César, **plébiscité**, prépare son départ pour la Gaule. Sans trop de hâte, il se consacre à l'enrôlement des soldats de ses trois légions. Il demande aussi à des hommes de confiance de défendre ses intérêts pendant son absence.

Mais, lorsqu'il apprend que le peuple des **Helvètes** veut s'installer sur la côte atlantique, en territoire **santon**, il décide d'intervenir aussitôt. En effet, les Éduens, alliés des Romains, sont menacés par cette **migration**. Sans délai, il fait élever des remparts, creuser des fossés pour empêcher les Helvètes de franchir le Rhône et porte les effectifs de son armée à 40 000 hommes.

Franchissant les Alpes à marche forcée, ses légionnaires, suivis de colonnes de chariots, installent leur camp à Lyon. Alors que les Helvètes traversent la Saône sur des barques et des radeaux, César stoppe leur avancée. Ils fuient vers le nord, les Romains sur leurs talons, jusqu'à Bibracte, où un combat sans merci éclate en rase

Plébiscité : ayant reçu l'accord des assemblées de la plèbe.
Helvètes : peuple gaulois établi du côté de la Suisse actuelle.
Santons : peuple gaulois établi dans la région de Saintes.
Migration : déplacement de population.

campagne. Les Helvètes sont défaits. César s'adresse aux survivants :

– Regagnez le pays d'où vous venez ! Sinon, les Germains s'empareront de vos terres !

Plus encore que les Gaulois, les Germains sont craints : leur chef, Arioviste, est réputé pour être cruel et **irascible.** Profitant des luttes entre les peuples gaulois, il pénètre sur leur territoire. Il se heurte alors aux Romains. Dans leurs rangs, c'est la panique : les **centurions**, les soldats les plus aguerris, refusent de suivre César ! Celui-ci fait face à ses hommes :

Irascible : coléreux, violent.
Centurion : chef qui dirige une centurie (groupe de 100 hommes).

– Si vous n'avez pas le courage de vous battre, partez ! Reculez devant l'ennemi, et, au lieu de se maintenir au-delà du Rhin, il nuira à nos intérêts en Gaule ! Moi, comme mon oncle Marius qui a battu les Cimbres et les Teutons, je combattrai, même si la Xe légion est seule à m'accompagner.

Piqués au vif, les légionnaires sont saisis par la détermination de leur chef et passent à l'attaque. César, au premier rang, se lance avec fureur dans la bataille. Les lignes ennemies sont enfoncées. Dans une course folle, les Germains se rabattent vers le Rhin, poursuivis par les cavaliers romains.

Après cette première année de campagne, César passe l'hiver en Gaule cisalpine. Les nouvelles qui lui parviennent lui confirment ce qu'il espère : ses victoires contre les Helvètes, puis contre les Germains lui valent l'admiration de tous.

L'année suivante, au printemps 57, il décide de contrôler la frontière jusqu'à l'**embouchure** du Rhin, territoire où vivent les Belges.

Tandis que les Romains construisent leurs retranchements, les Nerviens, une des nombreuses tribus de la **coalition** belge, dévalent les forêts dominant la Sambre.

C'est vite le chaos pour les légionnaires, surpris pendant leurs travaux de **terrassement**. Dans les **cohortes**, des centurions blessés s'écroulent en gémissant. Sous les assauts de l'ennemi, certains, à l'arrière, faiblissent et perdent courage. La situation est critique. César saisit le bouclier d'un soldat. Appelant chacun par son nom, il exhorte ses hommes à lutter avec ardeur. Son exemple les exalte et permet d'éviter la déroute. De plus, de nouvelles légions arrivent, s'engagent dans la bataille et surprennent les Nerviens sur leurs arrières. Pris en tenaille, ils sont massacrés. Les pertes sont très élevées dans les deux camps.

D'autres Gaulois, qui s'apprêtaient à venir au secours des Nerviens, décident d'attendre l'assaut dans une ville fortifiée qu'ils considèrent comme imprenable. C'est mal connaître la maîtrise des Romains en matière de siège !

Embouchure : lieu où un fleuve se jette dans la mer.
Coalition : alliance.
Terrassement : travaux destinés à modifier la forme naturelle du terrain.
Cohorte : formée de centuries, elle correspond à la dixième partie d'une légion.

Du haut de leurs remparts, les habitants n'en croient pas leurs yeux :

– Regardez ! Ils bâtissent des murailles aussi hautes que les nôtres ! Et même une énorme tour à étages montée sur roues ! Les projectiles que nous lançons ne servent à rien : ils ont des **mantelets** qui les protègent.

Mantelet : abri portatif.

Les assiégés capitulent et jettent leurs armes par-dessus les remparts. Le lendemain, les légionnaires pénètrent dans la ville et vendent comme esclaves les dizaines de milliers de survivants. Aussitôt, César envoie une

dépêche à Rome : « Les Germains sont refoulés au-delà du Rhin, les Belges vaincus : la Gaule est pacifiée. »

Quelle joie, quelle fierté dans la capitale ! Le Sénat décrète quinze jours de **supplications** en remerciement aux dieux. Cela surpasse largement les dix jours accordés pour les exploits de Pompée le Grand !

Supplication : cérémonie offerte en l'honneur des généraux vainqueurs.

Les bulletins de victoire sont lus avec avidité à Rome, car la situation est difficile : le ravitaillement manque, et l'entente entre Crassus et Pompée est fragile. César, renseigné par ses proches, provoque une entrevue à Lucques. Les trois hommes parviennent à un nouvel accord : Pompée doit avoir les deux provinces espagnoles, Crassus la Syrie avec la direction des affaires contre les **Parthes**. Le commandement de César en Gaule est confirmé.

En dehors de la Narbonnaise, qui est intégrée à Rome, l'ensemble de la Gaule est loin d'être maîtrisé. Et d'ailleurs, comment huit légions pourraient-elles contrôler plus de cent tribus entre les Pyrénées et le Rhin, entre les Alpes et l'Atlantique ?

Les Vénètes, peuple de marins du sud de l'**Armorique**, se soulèvent. Les deux flottes se font face, dans la baie de Quiberon. Les bateaux à rames des Romains font piètre figure à côté des grands navires à voiles des Gaulois. Pourtant, en attachant des faux acérées au bout de longues perches, les Romains coupent les cordages des **gréements** de leurs ennemis. Les lourdes voiles s'effondrent, mettant les Vénètes dans l'impossibilité de manœuvrer ! Ils se rendent sans condition, mais César leur inflige une **répression** féroce.

Parthes : peuple des hauts plateaux d'Iran.
Armorique : Bretagne actuelle.
Gréement : ensemble du système qui permet de propulser un bateau à voiles.
Répression : correction, punition.

Pendant que ses légions prennent leurs quartiers d'hiver en Normandie, César retourne en Gaule cisalpine. Mais pour le proconsul, point de répit ! Il s'acquitte des tâches administratives, donne audience à ses partisans de Rome…

Un courrier lui parvient : « Deux tribus de Germains, chassés par les Suèves, ont passé le Rhin. »

Ayant fait ses provisions de blé et recruté sa cavalerie, César se met en route. Les soldats admirent sa résistance :

– Il dort dans un chariot bringuebalant ou même à la belle étoile, comme n'importe quel soldat !

– Et se contente de repas les plus **frugaux** !

Frugal : très simple et léger.

César se précipite vers le territoire investi par les Germains. Après négociations, les ambassadeurs demandent un délai avant d'accepter ses propositions. Mais, rompant la trêve, ils tuent soixante-quatorze cavaliers romains. Pour se venger, l'armée romaine lance à l'improviste l'assaut contre le camp ennemi. C'est un massacre ! Tous, y compris vieillards, femmes et enfants, pourchassés par la cavalerie, sont exterminés. Certains se jettent dans le fleuve et s'y noient.

César décide alors d'exploiter sa victoire. En dix jours, il fait construire un immense pont de bois pour faire passer ses légions. Après avoir franchi le Rhin, ses hommes pillent et massacrent sans pitié.

La nouvelle fait grand bruit : « Jamais aucun Romain n'est allé sur la rive droite du Rhin ! »

Le Sénat, cette fois, déclare vingt jours de supplications !

Nous sommes au milieu de l'été 54. César a l'intention

de mettre à profit le temps qui lui reste avant la mauvaise saison, pour relever un nouveau défi : la **Bretagne** !

– Cette île possède de grandes richesses, mais il faut surtout la châtier pour l'aide qu'elle apporte aux rebelles gaulois, annonce-t-il.

Avec quatre-vingts bateaux et deux légions, il plante les aigles romaines sur le sol breton ! Cependant, pénétrer plus avant s'avère impossible. Les renforts se font attendre. Les fortes marées d'**équinoxe** gênent les mouvements. César décide de rebrousser chemin.

Il réorganise une flotte et hisse à nouveau les voiles vers l'île. Cette fois, il est à la tête de cinq légions ! Elles parviennent à repousser les Bretons et à atteindre la **Tamise**. Le roi Cassivelaun se rend. Il accepte de payer un tribut et de livrer des otages.

Le prestige de César est immense. Là encore, il est le premier : le premier Romain à avoir traversé la tumultueuse mer du Nord !

Mais il sait que la réalité est plus nuancée. Sa position en Bretagne n'est pas solide et les Gaulois ne cessent de gronder contre les conquérants...

Bretagne : Angleterre actuelle.
Équinoxe : moment de l'année (mars, septembre) où le jour a une durée égale à celle de la nuit.
Tamise : fleuve anglais.

Il n'y a pas une Gaule mais des Gaules, et même plutôt, des Gaulois. César, dans sa *Guerre des Gaules*, a voulu montrer qu'il partait à la conquête d'un espace cohérent et bien délimité. En fait, les peuples gaulois sont nombreux et très différents les uns des autres.

L'artisanat gaulois
Le travail des métaux est très développé. Les Gaulois exploitent des mines d'or et sont de grands orfèvres.

Barbare combattant un légionnaire romain

Les Barbares
Le Gaulois est considéré comme un Barbare. Il est présenté comme fort et même cruel (sinon sa soumission n'aurait pas de valeur), mais inférieur aux Romains.

Casque du IVe siècle av. J.-C. en bronze et en or

Torque (collier) en or

L'or
Les territoires des Gaulois attirent les Romains parce qu'ils sont riches et bien entretenus. Les fouilles archéologiques ont permis de mettre au jour de véritables trésors.

La technologie gauloise
Elle est bien plus avancée et raffinée qu'une légende très tenace ne le laisse entendre. Les Gaulois, par exemple, ont mis au point une sorte de moissonneuse-batteuse ; ils ont inventé également le tonneau et la roue cerclée de fer, que les Romains vont leur emprunter.

Vercingétorix (monnaie en or)

Vercingétorix
On se représente généralement le chef arverne avec une moustache et des cheveux longs, mais cette idée convenue ne s'appuie pas sur des preuves certaines…

Cernunnos, le dieu à bois de cerf

« Dans sa villa aux portes de Rome, César, plébiscité, prépare son départ pour la Gaule. »

Les dieux gaulois
Les Gaulois ont de très nombreux dieux : Toutatis, Épona, Cernunnos, Ésus, Lug, Taranis… Ces dieux sont souvent associés à des bêtes sauvages (sanglier, taureau, cerf, cheval) ou imaginaires (serpent à tête de bélier, taureau à trois cornes).

Vercingétorix contre César

En septembre 54, César reçoit de terribles nouvelles : « Aurélia a rendu son dernier soupir. Peu de temps après, Julia est morte. L'enfant qu'elle devait mettre au monde n'a pas survécu. » Le visage **émacié** de César se creuse en pensant à sa mère, qui avait si bien guidé ses pas, à sa fille bien-aimée et à l'enfant qui allait naître.

Mais le moment n'est pas opportun pour remuer de telles pensées. Il apprend que les **Carnutes** ont tué le roi qu'il leur avait imposé. Une légion part rétablir l'ordre. Cet hiver-là, devant l'aggravation des troubles, il renonce à prendre ses quartiers en Gaule cisalpine. Il surveille lui-même la région de Samarobriva. César est inquiet : il se méfie des **Éburons** et de leur chef, Ambiorix.

Alors que le général étudie la situation avec son **légat** Titus Labiénus, une carte déroulée devant eux, un esclave gaulois surgit dans la tente :

– Ave César !

– Que signifie cette précipitation ?

– Les Nerviens, poussés à la révolte par Ambiorix, ont attaqué un camp romain ! J'ai réussi à me glisser à travers les rangs des assiégeants pour te prévenir !

Émacié : maigre.
Carnutes, Éburons : peuples gaulois.
Légat : commandant de légion.

Aussitôt, avec deux légions et un équipement réduit, César se rend sur les lieux et parvient à briser l'étau des révoltés... Mais à peine un feu est-il éteint ici qu'il s'en allume un autre là. Tantôt ce sont les **Trévires**, tantôt les **Sénons** ou bien les Éburons !

Pour reprendre l'initiative, César doit lever une armée plus nombreuse. C'est chose faite rapidement. À la tête de dix légions, il remporte victoire sur victoire ! Et il est sans pitié pour les meneurs. Le chef sénon, Acco, est décapité à la hache, pour l'exemple... La Gaule semble contrôlée, le proconsul se rend dans sa province cisalpine, à Ravenne, pour y passer l'hiver. De Rome, des nouvelles préoccupantes lui parviennent : « L'expédition de Crassus contre les Parthes a été un désastre. Il est mort à Carrhes, où l'armée romaine essuyait une défaite. Pompée est seul au pouvoir. Situation inouïe, il est désigné consul, sans collègue. »

En Gaule, l'insurrection générale menace :

– Les **Arvernes** se soulèvent, lui dit son légat, et leur chef...

– Vercingétorix ? l'interrompt César. Je le connais. Il a combattu sous mes ordres comme officier de cavalerie. Il a des capacités remarquables...

– Et lui aussi nous connaît ! Notre **tactique**, notre armement : il n'ignore rien de nos forces, et rien non plus de nos faiblesses...

Trévires, Sénons, Arvernes : peuples gaulois.
Tactique : manière de mener une bataille.

– Surtout, ajoute César, il a compris une chose qu'aucun n'a encore compris avant lui : s'ils veulent être efficaces, les Gaulois doivent s'unir.

– Mais ce n'est pas chose aisée, ce sont des peuples très indépendants.

– Justement ! Vercingétorix les engage à combattre pour la liberté de la Gaule.

Dès février 52, les légions pillent les territoires arvernes et se lancent à la poursuite des Gaulois qui cherchent à éviter la bataille rangée. Vercingétorix fait brûler les champs couverts de blé, les granges, les bourgs, et tout ce qui pourrait servir à ses poursuivants. Ses troupes bloquent le ravitaillement que César fait venir du sud.

Les légions parviennent à enfermer les Gaulois dans la ville d'Avaricum. Mais les rations des assaillants sont maigres : ils ne pourront tenir longtemps. Alors, utilisant leurs meilleures techniques, ils prennent d'assaut la ville, capitale des **Bituriges**. C'est un massacre. Il n'y a presque pas de survivants.

La victoire de César est indiscutable. Il reconstitue ses forces car la cité dont il s'est emparé est très bien approvisionnée. Mais Vercingétorix gagne de plus en plus de peuples à sa cause ! Les Éduens, jusque-là fidèles aux Romains, font **sécession** !

– **Scindons** l'armée, ordonne César à Labiénus.

Bituriges : peuple gaulois.
Sécession : ils entrent en révolte contre Rome.
Scinder : diviser.

Pars vers le nord combattre les Sénons et les **Parisii**. Je me rends en pays arverne, à Gergovie.

Cependant, César échoue devant cette ville.

Vercingétorix, bien décidé à exploiter sa victoire, convoque une assemblée générale à Bibracte. On s'y rend en foule. Auréolé de gloire, le chef gaulois est confirmé, à l'unanimité, dans le commandement suprême.

César envoie un message à Labiénus : « Les Gaulois lancent une offensive vers la Narbonnaise pour couper notre ravitaillement. Je me porte au secours de la province. »

Il fait lever une nouvelle cavalerie de Germains, pour faire face aux puissants cavaliers gaulois, et descend vers le sud à toute allure. Vercingétorix attaque de trois côtés les colonnes en marche. Mais les soldats germains mettent les Gaulois en fuite. Les légions sont à leurs trousses. Craignant pour son **infanterie**, Vercingétorix décide un repli sur Alésia.

César confie à Labiénus, dont l'armée l'a rejoint :

– Les Gaulois croient avoir trouvé refuge sur cet **oppidum**. Mais nous allons l'investir d'une façon extraordinaire. Les efforts de leur cavalerie seront réduits à néant.

Il ordonne à ses hommes de construire une **circonvallation** qui entoure toute la ville. Les cava-

Parisii : peuple gaulois.
Infanterie : ensemble des combattants à pied.
Oppidum : ville fortifiée.
Circonvallation : tranchée fortifiée.

liers de Vercingétorix tentent de s'échapper, mais en vain. Alors que les Romains dorment, quelques-uns parviennent à sortir juste avant que les dix-sept kilomètres de l'anneau ne soient complètement refermés. Ils sont chargés de faire venir de nouveaux soldats :

– Que tous les hommes capables de porter une arme nous viennent en aide ! dit leur chef. Vite ! Avec les quatre-vingt mille fantassins pris au piège, nous ne tiendrons pas plus d'un mois.

Pendant que les Gaulois parcourent tout le territoire à la recherche de renforts, César conçoit et édifie un dispositif tourné à la fois vers Alésia et vers l'extérieur :

– Les assiégés ne doivent trouver aucune faille, aucune issue. Le dos de nos troupes doit être protégé avant l'arrivée de nos renforts !

C'est une véritable course de vitesse. Une deuxième enceinte est construite, avec des murs, des fossés remplis d'eau, des palissades et des postes fortifiés... Diverses sortes de pièges sont aménagées. Des pieux acérés sont cachés sous des broussailles...

Les légions romaines installent leurs camps, amassent des vivres, tandis que, dans la ville, la faim commence à tenailler les Gaulois. Vercingétorix fait sortir la population civile. Vieillards, femmes et enfants sortent peu à peu. Pâles, décharnés, ils quémandent de la nourriture. Mais César refuse de les recueillir.

L'armée de secours arrive enfin : elle est forte de deux cent quarante mille fantassins et de huit mille cavaliers venus de toute la Gaule. À la vue d'une telle multitude, les assiégés reprennent confiance. Malgré leur faiblesse, ils crient en se jetant dans les bras les uns des autres !

Un premier combat s'engage. Les Romains, aidés des cavaliers germains, l'emportent. Puis, de nuit, une tentative pour sortir échoue. Enfin, l'armée gauloise qui est à l'extérieur lance un nouvel assaut. Mais en vain : les forces gauloises sont anéanties.

Dans la ville, plus aucun espoir n'est permis. Vercingétorix réunit ses hommes :

– Je n'ai pas entrepris cette guerre à des fins personnelles, mais pour conquérir la liberté de tous. Mon sort est entre vos mains. Apaisez les Romains par ma mort ou livrez-moi vivant !

Le lendemain, Vercingétorix, muni de ses plus belles armes, franchit les portes de la ville. Il vient caracoler en cercle autour de César qui se tient assis, saute au bas de sa monture et jette ses armes aux pieds du vainqueur. Sans un mot, César le remet à ses gardes.

Les légions, après avoir été généreusement récompensées, prennent leurs quartiers d'hiver. La résistance gauloise est brisée. César désormais regarde vers Rome.

Après la conquête, la Gaule ne subit pas la domination romaine. Elle profite de la paix qui est instaurée et participe à la prospérité. L'agriculture, l'artisanat et le commerce se développent. Rome bénéficie également de ce que lui apporte la Gaule.

Transport de marchandises par bateau

« Vercingétorix vient caracoler en cercle autour de César, saute au bas de sa monture et jette ses armes aux pieds du vainqueur. »

Sur les routes
Les **voyageurs** circulent dans des diligences, à l'intérieur ou assis sur le toit.
Le réseau routier permet de circuler dans tout l'empire.

Une culture ouverte
Les Gaulois accèdent peu à peu à la citoyenneté romaine, adoptent la langue, le mode de vie et même certaines croyances des Romains.

Voyageurs

Le commerce

Tonneaux gaulois contre amphores romaines, les échanges commerciaux entre Gaulois et Romains sont très intenses, et ce, même avant les conquêtes de Jules César. Ils se font notamment par le Rhône.

Les villes

Dans les villes gauloises s'érigent de nouveaux monuments (arènes, amphithéâtres…). Les plans des cités suivent également l'urbanisme romain. Certaines villes sont des colonies créées pour accueillir les vétérans.

Les arènes

Sur une étendue de sable *(arena)*, des animaux ou des gladiateurs combattent.

Le pont du Gard

Les arènes de Nîmes

Le pont du Gard

Le pont est une partie de l'aqueduc qui alimente en eau la ville de Nîmes. Le Sud de la Gaule a été romanisé bien avant le Nord et plus profondément que le reste du territoire.

Les impôts

Rome impose un modèle d'administration dans tous les territoires de l'empire. Le système d'impôts romain est très élaboré.

Collecteur d'impôts

La guerre entre Romains

En 51, César reste encore en Gaule. Il veut, avant de retirer son armée, qu'aucun foyer de guerre ne subsiste. Puis, il fixe le tribut à payer à quarante millions de sesterces. Au regard des immenses richesses qui sont produites en Gaule, c'est assez peu...

Bien que la popularité de César soit considérable, il est dans une situation délicate : le Sénat, qui a pourtant consacré à ses victoires encore vingt jours de supplications, se méfie de lui. Il est trop puissant. Et Pompée, qui, depuis la mort de Julia, n'est plus son gendre, apparaît de plus en plus comme son rival.

La **jubilation** éclate lorsque, en 50, César revient en Gaule cisalpine. Il demande l'autorisation de présenter sa candidature au consulat. Le Sénat lui refuse. De plus, en janvier 49, il le **révoque** dans sa fonction de proconsul des Gaules et nomme Ahénobarbus pour lui succéder... Quel affront pour le grand vainqueur !

Jubilation : grande joie, enthousiasme.
Révoquer : chasser de son poste.

À Ravenne un envoyé lui apprend la décision du Sénat :

– Tu dois abandonner ton armée et ta province. Les **pères conscrits** ont confié à Pompée le rôle de défendre l'État. Le **tribun de la plèbe**, Marc Antoine, ainsi que tous tes partisans, ont ordre de quitter la capitale.

César plisse le front : « Si je me soumets à la décision du Sénat, ma vie politique se termine pour toujours. Si je la rejette, je suis en rébellion ouverte... Quel parti prendre ? »

À la tête de la XIIIe légion, César se dirige vers Rimini. S'il franchit le **Rubicon** avec son armée, il risque de déclencher une **guerre civile**.

Alors qu'il hésite encore, un homme d'une taille et d'une beauté extraordinaires apparaît et joue du **chalumeau** ; des bergers s'approchent pour l'entendre, ainsi qu'une foule de soldats et, parmi eux, des trompettes. L'homme prend à l'un d'eux son instrument, s'élance vers la rivière et, sonnant la marche avec une puissance formidable, passe sur l'autre rive. César déclare :

– Allons où nous appellent les signes des dieux. **Le sort en est jeté !**

La rupture est consommée. Mais César essaie encore par des négociations de trouver un compromis avec Pompée. Or, celui-ci préfère quitter Rome. Suivi par les consuls et de nombreux sénateurs, il se rend au port de Brindisi pour aller en Grèce ! César se lance à leur poursuite avec ses

Père conscrit : sénateur.
Tribun de la plèbe : magistrat défenseur de la plèbe.
Rubicon : fleuve marquant la frontière entre l'Italie et la Gaule Cisalpine.
Guerre civile : guerre entre citoyens d'un même pays.
Chalumeau : petite flûte.
Le sort en est jeté : *Alea jacta est* (latin). On ne peut plus revenir en arrière, c'est le sort qui décide.

légions. Il arrive trop tard : Pompée vient d'embarquer avec ses troupes !

Désormais, César est seul en Italie, mais dans une situation d'**illégalité**. Il décide d'aller à Rome, pour gagner à sa cause les sénateurs qui y sont restés. Il leur demande de prendre en main la République et de gouverner avec lui. Rien n'y fait, tous le considèrent comme un **usurpateur**.

Devant l'échec de ses tentatives pour trouver une solution légale, César décide de gagner le pouvoir par des moyens militaires. D'abord, il saisit de force le trésor du temple de Saturne, qui ne contient pas moins de trente millions de sesterces ! Ensuite, il décide d'éliminer l'opposition à l'ouest, en Espagne, où stationnent des légions favorables à Pompée.

– Je vais combattre une armée sans général, et me tournerai ensuite contre un général sans armée ! déclare-t-il.

Arrivant devant Marseille en avril, il doit constater que cette belle ville lui ferme ses portes. Il en organise le siège avec un savoir-faire et une rapidité sans pareils. Ce n'est pas chose aisée, car la cité possède une grande flotte. Il faut mener un **blocus naval** pour stopper le trafic portuaire et affamer les habitants. Après avoir laissé le commandement du siège à son légat Trébonius, il fait route vers l'Espagne.

La fonte des neiges rend la traversée des Pyrénées difficile, mais les villes situées sur les

Illégalité : ce qui est contraire à la loi.
Usurpateur : personne qui s'est attribué un pouvoir sans en avoir le droit.
Blocus naval : empêcher le départ et l'arrivée des bateaux.

rives de l'**Èbre** se rallient. Rapidement, les troupes pompéiennes sont en difficulté. Alors que les légions veulent en découdre, César adopte une stratégie subtile. Il veut éviter les effusions de sang, aussi bien dans son camp que dans le camp ennemi : « Je vais vaincre par l'habileté plutôt que par la force », décide-t-il.

Les deux armées se font face. Peu à peu, les contacts se nouent entre les hommes. On fait connaissance, on tisse des liens d'amitié. Bref, les troupes **fraternisent** ! Lorsque les chefs militaires pompéiens s'en rendent compte, ils font exécuter les césariens qui se trouvent dans leur camp et rétablissent une discipline de fer. César fait le contraire : il libère les soldats de Pompée et accepte d'**incorporer** ceux qui le souhaitent !

Mais ce n'est pas de la faiblesse. À Lérida, il bat les troupes pompéiennes. César se montre d'une grande **clémence** avec les vaincus. L'Espagne, en deux mois, reconnaît sa victoire. Il peut retourner à Rome. Sur la route, il donne le coup de grâce au siège de Marseille et exige la livraison de la flotte, des armes et du trésor.

Pendant ce temps, à Rome, l'autorité de l'État s'est quasiment désintégrée. Grâce aux bons offices de Lépidus, César se fait nommer dictateur. Le procédé est inhabituel, mais conforme au droit. Cela lui permet d'organiser des élections

Èbre : fleuve du nord-est de l'Espagne qui se jette dans la Méditerranée.
Fraterniser : sympathiser.
Incorporer : enrôler, prendre dans son armée.
Clémence : bonté, générosité.

consulaires depuis si longtemps reportées et de restaurer la légalité.

Il est nommé consul en 48, mais ne se livre à aucune vengeance envers ses ennemis. Épouvanté par la misère qui règne dans la ville, il fait distribuer du pain en grandes quantités et organise de somptueuses fêtes.

Il lui faut reprendre la route pour affronter son rival Pompée. Avant son départ, des cérémonies rituelles sont organisées au Forum. Les prêtres donnent son envol à un **milan** portant une couronne de laurier dans son bec. Au lieu de tomber comme prévu sur la tête

Milan : oiseau rapace.

de César, la couronne tombe sur celle d'un homme de son escorte... Les **augures** interprètent le **présage** comme étant favorable. Une foule enthousiaste l'accompagne jusqu'aux portes de la ville. Il se dirige vers le sud, pour traverser l'Adriatique.

Il arrive en Épire avec des légions clairsemées et épuisées, tandis que celles de Pompée sont nombreuses et bien reposées. Pourtant, les troupes pompéiennes se laissent encercler du côté de Durazzo. César, qui est passé maître dans l'art du siège, campe dans les montagnes. Mais Pompée parvient à sortir et à battre son adversaire. Les deux armées, qui sont allées vers l'est en Thessalie, se font face, en août 48, près de Pharsale.

César déploie toute son énergie pour **galvaniser** ses troupes et mettre au point une tactique. Il prélève des cohortes qui, dissimulées, attendent l'ordre d'attaquer. La cavalerie de Pompée se jette en avant, et, alors qu'elle se croit victorieuse, tombe sur un jet continu de javelots ! L'effet de surprise est réussi. Les cavaliers reculent et laissent à découvert les manieurs de fronde et les archers. La troisième ligne, qui n'a pas encore combattu, s'enfonce facilement dans les formations de Pompée, qui se dispersent en désordre. César pénètre dans la tente de Pompée, où, sur de splendides tapis, sont disposés des couronnes de **myrte** et des **cratères** pleins de vin, sans doute

Augure : prêtre chargé d'interpréter certains signes.
Présage : signe.
Galvaniser : encourager, enflammer, entraîner.
Myrte : arbre à feuilles persistantes.
Cratère : vase à deux anses en forme de coupe.

préparés pour fêter la victoire... Les insignes du général gisent au sol. Pompée s'est enfui à cheval.

César contemple la plaine jonchée de cadavres et de blessés, de boucliers épars, d'épées déformées : la victoire est amère. C'est le sang de citoyens romains qui a été versé. Cette guerre **fratricide** doit cesser.

Ainsi, à l'égard des soldats pompéiens qui viennent l'implorer, il se montre d'une grande générosité.

Peu de temps après, tandis qu'il passe en Anatolie, César apprend que Pompée a atteint Chypre. « Il a probablement l'intention de se rendre en Égypte, où il espère trouver des alliés... et des richesses », se dit César.

Le 2 octobre 48, guidée par la lumière scintillante du phare, la petite flotte de César entre dans le port d'**Alexandrie**. Il débarque au milieu d'une foule hostile. Les Égyptiens lui crient que Pompée a été tué quatre jours plus tôt ! La nouvelle le stupéfie. Arrivant au palais royal, il apprend que Pompée a été victime d'un ignoble **guet-apens**. Un des plus grands généraux égyptiens, Achillas, accompagné de deux anciens officiers romains, a pris pied sur la **galère** de Pompée. Puis, il lui a proposé de le conduire au palais en invité de marque. Pompée est passé dans l'embarcation sans garde personnelle et un des Romains l'a frappé dans le dos avec son épée...

César reçoit l'anneau de Pompée sur lequel est gravé un

Fratricide : opposant des frères.
Alexandrie : ville fondée par Alexandre le Grand en - 331, située dans le delta du Nil.
Guet-apens : piège.
Galère : bateau de guerre.

lion tenant une épée dans sa patte. Puis on lui présente la tête du mort : César est glacé d'effroi...

Il comprend vite que la situation en Égypte est des plus confuses : en effet, Ptolémée XII, à sa mort, a demandé à ses enfants de gouverner ensemble. Or, ses héritiers, Cléopâtre et son jeune frère Ptolémée XIII, sont prêts à entrer en guerre l'un contre l'autre. La reine s'est réfugiée en Syrie avec une armée, tandis que Ptolémée, ou plutôt ses inquiétants **tuteurs**, tiennent Alexandrie...

Tuteur : personne chargée de veiller sur un mineur et de le représenter.

César envoie la bague à Rome comme gage de la mort de Pompée. « Dès que les vents seront favorables, je regagne la capitale... »

L'ÉGYPTE a une importance économique particulière : c'est un véritable grenier à blé, mais c'est aussi le point d'arrivée du commerce africain et indien. Sur le plan culturel, elle a aussi un rayonnement unique. Alexandrie est la deuxième plus grande ville de l'empire après Rome.

« Le 2 octobre 48, guidée par la lumière scintillante du phare, la petite flotte de César entre dans le port d'Alexandrie. »

La vallée du Nil
Grâce à la crue annuelle du Nil, l'Égypte est assez fertile pour nourrir ses habitants et exporter. En plus du blé, elle fournit du papyrus (les Romains ne connaissaient pas le papier), du lin, des substances aromatiques et médicinales, des olives et des dattes.

Monument funéraire avec Anubis (à droite) et une autre divinité égyptienne

La vallée du Nil

Une religion qui évolue
La religion romaine s'enrichit de divinités égyptiennes. Le culte d'Isis et de Sérapis rencontre du succès à Rome, tout comme le culte du dieu perse Mithra et de la déesse d'Asie Mineure Cybèle. En s'intéressant à la vie après la mort et en donnant la préférence à un dieu dominant, ces religions orientales répondent à une attente de plus en plus grande des Romains.

Tombe-pyramide du préteur C. Cestius

Tombe-pyramide
Les Romains construisent des sépultures différentes en fonction de leur richesse et de leur statut social. Même dans ce domaine, la mode égyptienne connaît un certain succès !

Cléopâtre VII
Après avoir séduit César, cette jeune reine égyptienne, descendante de la dynastie hellénistique des Ptolémées, a vécu plus tard avec Antoine une « vie inimitable »…

Cléopâtre VII

César et Cléopâtre

César, les yeux rivés sur la Méditerranée, scrute l'horizon. « Puisque les vents ne sont pas favorables, autant mettre ce séjour à profit. Tentons de réconcilier les enfants de Ptolémée XII. Son testament doit être exécuté. Cela renforcera le **protectorat** romain et mon influence... Mais d'abord, faisons respecter le souvenir de Pompée...»

Il fait **inhumer** la tête de Pompée aux portes d'Alexandrie, dans un petit temple dédié à Némésis, déesse de la vengeance. Puis, il convoque Ptolémée XIII et Cléopâtre au palais royal pour les convaincre de se mettre d'accord. La jeune femme ne peut s'y rendre, car le général Achillas, un des « tuteurs » de Ptolémée, occupe le **delta** du Nil avec ses troupes. Mais ce n'est pas le genre de difficulté qui arrête Cléopâtre. Elle vient de nuit, en cachette. Un ami la dissimule en l'enroulant dans des tapis. Parvenu sans difficulté jusqu'au palais, il rencontre enfin le général romain.

Protectorat : l'Égypte est soumise à la « protection » ou plutôt au contrôle de Rome.
Inhumer : enterrer.
Delta : embouchure d'un fleuve qui se divise en plusieurs bras.

– Voici la reine ! dit-il en dénouant la courroie qui

retient le paquet. Sous le regard étonné de César, Cléopâtre surgit ! Immédiatement, il est séduit par sa hardiesse et **subjugué** par sa beauté. Il succombe aux yeux de braise de l'Égyptienne. Sa volonté de la rétablir sur le trône grandit...

Subjugué : vivement séduit, envoûté.
Souveraineté conjointe : le testament exige que le frère et la sœur règnent ensemble.

César parvient à imposer la **souveraineté conjointe** du frère et de la sœur, mais les proches de Ptolémée voient d'un mauvais œil l'intervention du Romain. Ils cherchent à se débarrasser de lui et de la reine, qui est devenue sa maîtresse. Dès le premier festin, ils tentent de les empoisonner. César se tient sur ses gardes !

Achillas engage alors les combats contre César. Mais ce dernier ne dispose que de quatre mille hommes, ce qui permet à peine de protéger le quartier royal. Une guerre de rues fait rage à Alexandrie, entre Romains et Égyptiens. Pour empêcher Achillas de mettre la main sur sa flotte, César fait incendier ses navires. La tactique est très risquée : des flammes pourraient atteindre la bibliothèque ! Que deviendraient alors les quatre cent mille ouvrages, les trésors irremplaçables qui y sont rassemblés ? Le drame est évité de justesse !

Enfin, des troupes de secours que César a alertées arrivent. Une légion romaine vient d'Asie Mineure ! César et ses troupes tentent de sortir de l'étau dans lequel les troupes égyptiennes les maintiennent. La lutte est acharnée. César, qui se bat aux côtés des siens, retire son manteau pourpre et se sauve à la nage par la mer. Au cours des combats, Ptolémée XIII meurt. César exhibe la cuirasse d'or du jeune roi aux Alexandrins en signe de victoire.

Le pouvoir de Cléopâtre est restauré. La domination de Rome sur le pays du Nil est acquise. César peut rentrer. Mais au lieu de cela, il entreprend une croisière avec Cléopâtre. Remontant le fleuve dans une luxueuse embarcation, les amants voguent lentement, passent devant Memphis la Blanche, Thèbes aux Cent Portes, les temples de Louxor et de Karnak. César est ébloui par tant de beautés.

Mais il lui faut interrompre ce court moment de bonheur, car il a des affaires urgentes à régler en Orient. Pharnace, que Pompée a fait souverain de l'empire du Bosphore, cherche à étendre son territoire. À l'approche de César, Pharnace propose de négocier. Il lui fait même parvenir une couronne d'or pour l'amadouer. César la repousse. Les armées se rencontrent à Zéla, le 2 août 47. Celle de Pharnace est taillée en pièces. César annonce ainsi sa victoire :

– **Je suis venu, j'ai vu, j'ai vaincu.**

Pendant ce séjour en Orient, il apprend que Cléopâtre a mis un enfant au monde. Il s'appelle Ptolémée César, mais les Alexandrins le surnomment Césarion…

Je suis venu, j'ai vu, j'ai vaincu : en latin, la formule est saisissante : *Veni, Vidi, Vici*.

César regagne enfin Rome, où il a été nommé dictateur pour un an. La ville est en plein désordre, mais il n'a pas le temps de s'y attarder. En effet, des hommes favorables à Pompée se sont réfugiés en Numidie auprès du roi Juba. Aussitôt, César donne ordre à ses troupes stationnées en Campanie d'embarquer pour la Sicile. Celles-ci refusent ! Ces légions qui ont participé à la guerre civile, combattu à Pharsale, à Alexandrie, à Zéla, aspirent à obtenir enfin le paiement de leur solde et leur congé. L'***imperator*** écoute leurs plaintes et répond, **placide** :

Imperator : titre accordé par acclamation des soldats à leur chef vainqueur.
Placide : imperturbable, sans émotion.

– Je vous **licencie**, citoyens.

Sa réplique **fait mouche**. Humiliés, blessés d'être traités comme de simples hommes, et non comme des soldats, les **mutins** regrettent déjà leur mouvement. Ils implorent son pardon, exigent le châtiment des coupables et le supplient de les emmener à la guerre avec lui. César ne punit personne mais prévoit de placer les meneurs aux postes les plus dangereux. Il promet à ses hommes de leur attribuer un **lopin** de terre à leur retour d'Afrique…

Licencier : renvoyer.
Faire mouche : toucher juste.
Mutin : celui qui se révolte contre une autorité.
Lopin : petit morceau de terrain.

La supériorité numérique des adversaires est énorme.

De plus, Juba et ses alliés romains disposent d'une puissante cavalerie et d'éléphants de combat. La guerre de positions, qui se déroule en Numidie, tourne en défaveur de César, car il manque de ravitaillement. Ses chevaux n'ont plus que du **varech** dessalé à manger.

Avec l'énergie du désespoir, César attaque à Thapsus, le 4 avril 46. Les éléphants, affolés par l'offensive, font demi-tour et piétinent les fantassins. La bataille s'achève dans un bain de sang. Mais, pour César, c'est une grande victoire. Les anciens lieutenants de Pompée qui ont survécu s'enfuient en Espagne. Le roi de Numidie se donne la mort.

Le trésor de Juba est confisqué. Les récompenses tant attendues sont accordées. César prend soin de donner une terre à chaque **vétéran**.

À son retour à Rome, le vainqueur reçoit des pouvoirs et des honneurs sans précédent ! Il est nommé dictateur pour dix ans. Le Sénat fait mettre le nom de César au **fronton** du temple de Jupiter Capitolin et fait dresser, dans le sanctuaire, une statue de César sur un globe, avec l'inscription : « À César, demi-dieu. » Celui-ci la fait effacer : il redoute les excès d'admiration.

Varech : algue.
Vétéran : ancien soldat.
Fronton : partie supérieure de la façade d'un temple.

Rome s'apprête à célébrer les triomphes de César avec un luxe et une ampleur jamais atteints. Une foule de curieux se précipite dans la Ville pour fêter les quatre grandes victoires. Des guirlandes de fleurs ornent rues et places, de l'encens brûle sur les **autels** des temples. Les accessoires du cortège sont façonnés en citronnier pour la Gaule, en bois plaqué d'écailles de tortue pour l'Égypte, en **thuya** pour l'Orient, et en ivoire pour l'Afrique. Dès l'aube, les **badauds** venus de loin se pressent pour avoir les premières places sur le Champ de Mars et le Capitole.

Les sénateurs et les hauts dignitaires en toge de cérémonie sont à la tête des cortèges. Puis, des trompettes annoncent l'exposition des trésors sur des chars. C'est l'attraction préférée des Romains ! Les spectateurs, bouche bée, admirent les butins arrachés aux temples et aux palais. Après le défilé des troupes d'élite, entouré d'un groupe de licteurs, c'est César qui apparaît sur son char, tiré par quatre chevaux blancs. Dans une pose majestueuse, il porte un **sceptre** en forme d'aigle et la couronne de lauriers. Sa robe de pourpre, qui rappelle la tenue des anciens rois de Rome, lui donne encore plus de dignité. Au-dessus de sa tête, un esclave tient la couronne d'or de Jupiter.

Autel : table de pierre pour les sacrifices offerts aux dieux.
Thuya : arbre d'origine exotique.
Badaud : curieux, flâneur.
Sceptre : bâton de commandement, signe d'autorité suprême.

Derrière lui, les musiciens jouent de la flûte et de la cithare. Des esclaves portent des coupes dans lesquelles brûlent des parfums précieux.

On montre ensuite de grands boucliers où sont inscrits

les noms des innombrables victoires et des statues représentant les fleuves vaincus. Enfin, derrière le taureau destiné au sacrifice, le héros de la résistance gauloise est exposé, enchaîné dans une charrette. Vercingétorix connaît sa fin. Dans quelques heures, il sera exécuté...

Les festivités offertes enthousiasment les Romains. Quelle profusion ! Vingt-deux mille tables sont dressées : vin de Falerne et plats de **murènes** sont offerts à tous. César fait distribuer en abondance du blé, de l'huile, et même de la viande. Il ordonne le paiement du loyer de milliers d'habitants.

Des spectacles de toutes sortes sont montés. Du théâtre, de la danse, des combats d'athlètes, des courses de chars et de chevaux... jamais Rome n'a connu de telles réjouissances. César organise même une bataille navale sur un lac artificiel. Quatre mille rameurs s'y rencontrent sous les cris de la foule. La plèbe est enchantée. Pendant deux semaines, elle oublie ses difficultés.

Malgré tout, certains restent **sceptiques**. Les vrais républicains ne participent pas au concert de louanges. César les fait écarter. Même le vieil auteur comique Labérius, si apprécié des Romains, est puni pour quelques remarques moqueuses. Au milieu de cette liesse, il confie à un de ses amis :

– Celui que beaucoup craignent doit en craindre beaucoup.

Murène : poisson long et mince, à la chair très appréciée.
Sceptique : qui met en doute ce qu'on lui dit.

LA FEMME est placée sous l'autorité du chef de famille. Seuls le mariage et les enfants lui donnent un véritable statut social, celui de matrone. À la différence de la femme grecque, elle ne vit pas recluse à la maison. Elle peut aller au théâtre, au marché, aux tribunaux.

Le goût du luxe
Les Romains aiment les bijoux précieux et les vêtements de luxe. De nombreuses lois ont tenté de refréner les dépenses excessives.

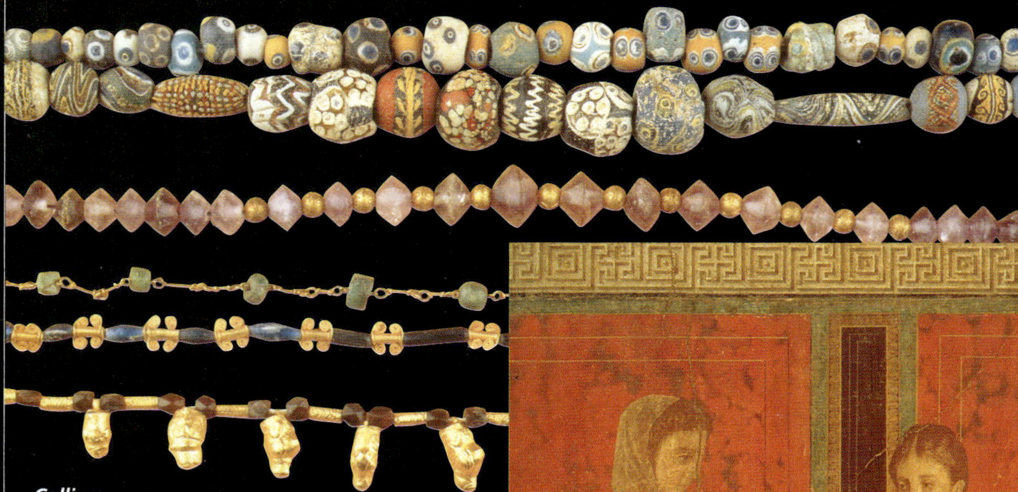

Colliers

> « César est séduit par sa hardiesse et subjugué par sa beauté. Il succombe aux yeux de braise de l'Égyptienne. »

La mère de famille
Elle est la gardienne de la maison. Elle n'a pas le droit de sacrifier, mais elle honore la déesse Vesta, protectrice des foyers. Chez elle, la mère de famille porte une tunique recouverte de la *stola*, longue tunique ceinturée. Quand elle sort, elle se drape dans un manteau, la *palla*.

Les bijoux
Les femmes portent des boucles d'oreilles, des broches, des fibules, des colliers, des bagues, des bracelets, des anneaux de cheville. Les hommes se contentent de bagues qui leur servent de sceaux.

Portrait d'une jeune fille

Sous l'autorité de deux matrones, un enfant lit un texte rituel.

Vénus
Aphrodite, déesse de l'amour et de la beauté chez les Grecs, est appelée Vénus. Elle est très présente chez les Romains. Jules César la considère comme une de ses lointaines ancêtres.

La beauté
Les femmes aiment se maquiller. Certaines se font teindre les cheveux en blond, et, surtout sous l'Empire, se font faire, par leurs esclaves, des coiffures compliquées. Les hommes se rasent et portent les cheveux courts.

Vénus à sa toilette

Femmes d'influence
Dans les milieux aisés, la femme peut animer un cercle littéraire ou prendre part aux décisions politiques lors de banquets. Sous l'Empire, elle obtient davantage de libertés.

C.IVLIVS CAES.

César dictateur

César se lance dans un programme de construction très ambitieux. « Rien n'est trop beau, rien n'est trop grand pour une cité comme Rome ! »

Il inaugure solennellement le nouveau Forum Julium. Au nord se dresse le temple de Vénus **Génétrix**, dédié à la mère de la **gens** Julia. Une **statue équestre** du dictateur s'élève sur un côté. Les travaux de la grande **basilique** Julia sont en cours d'achèvement. La Curie est rénovée et le dallage du Forum a été entièrement remplacé. Un théâtre de dimension exceptionnelle, adossé à la pente rocheuse du Capitole, s'édifie rapidement. César prévoit aussi une immense bibliothèque consacrée à la littérature grecque et latine. La capitale est en plein chantier !

Mais il y a tant à faire encore pour améliorer la vie de la Cité ! Du matin au soir, César réfléchit, consulte, organise, décrète, tentant d'améliorer la **législation** dans de nombreux domaines. Son

Génétrix : protectrice.
Gens : famille au sens très large.
Statue équestre : statue représentant une personne à cheval.
Basilique : édifice public qui sert généralement de tribunal.
Législation : ensemble de lois.

activité est d'une intensité extraordinaire ! Les réformes qu'il a mises en route répondent à de réelles nécessités. Il s'attaque par exemple au problème du calendrier, qui est de plus en plus décalé par rapport aux saisons. Assisté des meilleurs spécialistes, et notamment de l'**astronome** alexandrin Sosigène, César remplace l'année lunaire de 355 jours par l'année solaire de 365 jours un quart. En ajoutant un jour supplémentaire tous les quatre ans, ce calendrier est bien plus réaliste que le précédent...

Astronome : personne qui s'occupe de la science des astres (à ne pas confondre avec astrologue !).

C'est à peine si César prend quelques instants de repos. La seule distraction qu'il s'autorise est, de temps à autre, une visite à Cléopâtre, qu'il a installée, avec son fils, dans une villa au-delà du Tibre. Il fait placer une statue en or de la reine égyptienne dans le temple de Vénus Génétrix. Mais ces amours déplaisent aux Romains. César le sait : il faudra bientôt que Cléopâtre reparte pour Alexandrie...

Une ombre grandissante vient ternir la fin de l'année 46. César a battu la plupart de ses adversaires, mais certains, en particulier les fils de Pompée, ont trouvé refuge en Espagne. Ils y soulèvent la population contre Rome... Et les légats que César a mis en place ne sont pas à la hauteur. Celui-ci réagit vite : en dix-sept jours, il est au nord de Valence ! En plein hiver, il parcourt quatre-vingt-dix kilomètres par jour sur des chemins à moitié défoncés. César, dont la résistance est mise à rude épreuve par les fatigues du voyage, tombe malade. Les légions souffrent des privations et du froid.

Dès qu'il est rétabli, le général passe à l'attaque. Mais, malgré quelques succès, il ne parvient pas à remporter de victoire décisive. Les Pompéiens tiennent les villes du sud de l'Espagne. César fait mouvement vers Atégua, où ses adversaires ont accumulé des réserves, et met le siège devant la ville. Après quelque temps, celle-ci capitule. Les habitants se mettent à douter de l'efficacité de leurs défenseurs. Ils **désertent** peu à peu le camp des Pompéiens. Ceux-ci se replient vers le sud, pourchassés par César. Enfin, les deux frères, Sextus et Cnaeius Pompée, se décident à déployer leurs troupes devant Munda. La partie semble jouée d'avance. Leurs effectifs sont supérieurs et, surtout, leur position est plus favorable, car ils sont installés sur les hauteurs de la montagne. Au matin du 17 mars 45, les ennemis dévalent les pentes à toute allure, rompant les lignes de César. Pris de panique, les soldats se dispersent et reculent. Leur chef les interpelle avec vigueur :

Déserter : abandonner.

– Vous n'avez pas honte ? Prenez-moi pour me livrer à ces gamins !

Sautant au bas de son cheval, il les galvanise par son ardeur. Ses troupes se ressaisissent. Ses cavaliers parviennent à percer le flanc droit des ennemis. Labiénus, qui dirige cette bataille avec les fils de Pompée, envoie à toute

vitesse cinq cohortes vers les points menacés. Cette manœuvre sème le trouble. César profite de la confusion qui s'empare des rangs ennemis pour déclencher une violente offensive. Pour les Pompéiens, la victoire annoncée tourne en une effroyable défaite. Que de morts dans leurs rangs ! Trente mille ? Plus encore ? César leur fait donner une sépulture. Ce sont des Romains... Les villes espagnoles, une à une, se soumettent. Elles devront acquitter de lourds tributs et livrer leurs trésors.

Mais César n'est pas gagné par l'esprit de vengeance, au contraire. Il accorde à de nombreuses villes l'égalité avec Rome en leur donnant le **droit de cité**. Ces décisions irritent la plupart des Romains. Ils ont l'impression que leur citoyenneté perd sa valeur. Pour eux, elle doit rester un privilège.

« Ma politique est peut-être mal comprise, pense César, mais elle est nécessaire. Il faut songer à l'avenir de l'**empire**. Pour que la paix et la prospérité perdurent, il faut que tous puissent devenir citoyens. »

Droit de cité : droit de participer à la vie politique de la cité (en particulier, voter).
Empire : ici, c'est l'ensemble des territoires soumis à Rome et non le régime politique.

Tout en faisant de longues étapes et en organisant l'administration du territoire, César rentre tranquillement à Rome. Son petit-neveu âgé de 18 ans, Caius Octavius, l'accompagne. D'autres le rejoignent comme Marcus Junius Brutus, gouverneur en Gaule. Son escorte est nombreuse, mais il se confie peu.

Des réflexions, des inquiétudes occupent son esprit.

« Comment aider les plus pauvres ? se demande-t-il. Est-ce une bonne solution de leur distribuer gratuitement des céréales ? Cela n'encourage pas les petits paysans à travailler… En fournissant un domaine aux soldats démobilisés et aux plus pauvres, ils auront de quoi vivre et la société sera plus paisible... Je vais obliger les grands propriétaires à employer davantage d'**affranchis**. Pour eux, c'est un peu plus cher que les esclaves, mais cela aidera à résoudre le problème du chômage. Il faudrait aussi assécher les marais Pontins, creuser un canal pour rendre le

Affranchi : esclave devenu libre.

Tibre navigable jusqu'à la mer, agrandir le port d'**Ostie**... Pour tenir compte de l'importance nouvelle du territoire et pour intégrer les nouveaux citoyens, je vais porter les effectifs du Sénat de six cents à neuf cents membres. Je les entends déjà, les conservateurs, critiquer cette mesure. Que devient la République, vont-ils dire ! Mais j'ai tant d'autres projets, aurai-je assez de temps ? »

Au début de l'automne 45, **Marc Antoine**, son fidèle ami, vient à lui. Brutus et Octave le suivent toujours. Il décide de faire une dernière halte avant Rome. Dans sa villa de Labicum, de nombreuses personnes affluent pour lui rendre visite. Il rédige son testament : Octave est désigné comme son héritier. Il lui lègue les trois quarts de ses biens. Il annonce également qu'il adopte Octave, à qui il transmet son nom. En effet, légalement, il n'a pas de fils. Brutus, quant à lui, ne dit rien et quitte la villa...

Tibre : fleuve qui arrose Rome.
Ostie : port maritime de Rome.
Marc Antoine : on l'appelle aussi Antoine.

LES SPECTACLES passionnent les Romains : pièces et concerts donnés dans les théâtres, courses de chars disputées dans les stades et combats de gladiateurs qui ont lieu dans les amphithéâtres. Les fêtes sont si nombreuses que plus d'un jour sur deux est férié.

La satire
C'est un genre de théâtre typiquement romain, mêlant la prose et les vers. Dans ces farces, les sujets les plus variés sont abordés.

Acteurs répétant une satire

Casque de gladiateur

Les gladiateurs
Ce sont des professionnels, des condamnés ou des esclaves, qui espèrent obtenir leur liberté ou quelque récompense. Certains sont complètement recouverts par une armure ; d'autres luttent avec une épée et un simple bouclier ; d'autres encore, les rétiaires, portent un filet et un trident.

Les courses de chars
Elles ont lieu dans un stade. Les conducteurs de chars, vêtus aux couleurs de leur équipe, doivent faire sept tours de piste autour d'une barrière centrale. Certains deviennent très populaires et gagnent des sommes énormes.

Gladiateur

> « Un théâtre de dimension exceptionnelle s'édifie rapidement... »

La musique
Il y a un corps de musiciens dans l'armée. Les cérémonies religieuses ainsi que les jeux publics et les banquets sont accompagnés de musique.

Musiciens

Les combats de gladiateurs
Les premiers combats de gladiateurs remontent aux Étrusques, qui pratiquaient des luttes à mort pour apaiser les défunts. Tous les Romains n'appréciaient pas ces spectacles. Cicéron écrit : « Quel plaisir une personne de goût peut-elle prendre à voir un faible humain taillé en pièces par un fauve d'une force incroyable, ou une belle bête transpercée par une lance ? »

Les ides de mars

Après la victoire de Munda, le Sénat décrète de nouvelles fêtes pour le dictateur. Le 21 avril, le jour des Palilia, qui célèbrent la fondation légendaire de Rome, une course de chars est organisée pour lui. Cette fois, ce sont cinquante jours de supplications qui sont ordonnés. Et que de faveurs !

César reçoit le titre d'*imperator* qu'il peut transmettre à son héritier, le droit de battre monnaie à son **effigie**, le consulat pour dix ans, le titre de **Père de la patrie**… Le Sénat déclare même le jour de son anniversaire comme fête officielle. Le mois de sa naissance, Quinctilis, devient **Julius**. Des fêtes, des statues, un temple et quantité de privilèges exceptionnels lui sont accordés !

« Le Sénat m'accable de récompenses et de marques d'honneur, se dit César, mais cette **adulation** n'est-elle pas excessive ? Je crains qu'elle ne se retourne

Effigie : image, portrait.
Père de la patrie : titre honorifique décerné à un citoyen qui a sauvé la patrie d'un danger.
Julius : mois de juillet.
Adulation : admiration.

un jour contre moi... Elle alimente l'opposition des Républicains. On me flatte, mais je suis la personne la plus enviée et la plus détestée de toute la Cité ! Au milieu de cette foule qui accompagne mes moindres gestes, ne suis-je pas seul et exposé aux dangers ? »

Fuyant cette gloire, César décide de repartir en campagne.

– Alexandre le Grand a conquis les Parthes. Je suivrai son exemple ! Et je dois soumettre le peuple qui a tué Crassus. Nous partirons le 18 mars 44, annonce-t-il.

Pendant les fêtes des Saturnales, les travaux des champs achevés, une foule turbulente envahit les ruelles et se presse gaiement dans les **tavernes**. César fuit ces réjouissances. Avec une suite considérable, il se rend en Campanie dans la villa du beau-père d'Octave.

Taverne : lieu public où l'on peut boire et manger.
Légiférer : faire des lois.

Le matin, il travaille, continuant à **légiférer**, organisant la concentration de ses troupes. Personne ne doit le déranger. Ensuite, en début d'après-midi, il descend à la plage. Après s'être baigné, il se fait masser. Puis, en voisin, il rend visite à Cicéron qui l'accueille avec plaisir. Le grand orateur lui propose les mets les plus délicats. Plutôt que de parler politique, les deux hommes s'entretiennent de littérature. Ce séjour est très agréable mais, le 20 décembre, le dictateur regagne Rome.

En janvier 44, le Sénat va encore plus loin dans l'exaltation de la puissance de César : il fait graver en lettres d'or, sur des tablettes d'argent déposées aux pieds de Jupiter Capitolin, une **titulature divine**. César hésite : accepter d'être **divinisé**, voilà de quoi choquer les Républicains ! Mais il laisse faire.

Lors des **féries latines**, la foule l'acclame avec enthousiasme. On se bouscule, on est prêt à tout pour apercevoir son vêtement pourpre brodé d'or. Dans le tumulte, quelques voix le saluent d'un titre nouveau, inouï : celui de roi. César arrête son cheval, se tourne vers ceux qui viennent de crier et lance :

– Je suis César, et non pas roi.

Des tribuns de la plèbe arrêtent les perturbateurs pour qu'ils soient jugés. Cette ferme réaction rassure certains de ses adversaires, mais cela leur suffira-t-il ?

En effet, César ne lève pas vraiment l'**ambiguïté**. Quelque temps après, il préside la fête des **Lupercales**, assis sur un trône doré, au milieu des Rostres. Son crâne, devenu chauve, est ceint de la couronne d'or des anciens rois de Rome, offerte par le Sénat... De plus, il est nommé dictateur à vie. Rien n'est plus opposé au principe républicain que ces mesures.

Titulature divine : titre donné à une personne par lequel elle est comparée à un dieu.
Divinisé : élevé au rang d'un dieu.
Fériés latines : célébration, fin avril, en l'honneur de Jupiter Latiaris.
Ambiguïté : ce qui est double, équivoque, incertain.
Lupercales : fêtes qui ont lieu le 15 février pour célébrer la fécondité.

La fête bat son plein. Les Luperques font le tour du Palatin, nus à l'exception d'une peau de chèvre portée autour des reins. Ils donnent des coups aux passantes avec des lanières taillées dans la peau du bouc sacrifié. La foule crie pour les encourager. À la fin de la course, alors que César est entouré d'édiles, de préteurs, de sénateurs, Antoine se détache de leurs rangs, gravit les marches qui montent à la tribune et tend à César un **diadème** royal, en disant :

Diadème : bandeau, signe du pouvoir royal.

– Le peuple t'offre ceci par mon intermédiaire.

Le dictateur, sans même le regarder, le repousse.

Antoine insiste. César le jette dans l'assistance en s'exclamant :

– Jupiter seul est le roi des Romains.

César est inquiet. La République n'est plus qu'un vain mot. Le Sénat, qui autrefois dirigeait la vie politique, ne sert plus qu'à confirmer ses décisions. Le dictateur songe à réorganiser les institutions, mais personne n'est prêt à ces changements. Heureusement, le départ pour la grande campagne contre les Parthes approche.

Le 15 mars 44, bien qu'il soit souffrant, César s'apprête

à aller au Sénat. Calpurnia, la femme qu'il a épousée récemment, le supplie :

– Ne sors pas ! Repousse la séance du Sénat !

– Que t'arrive-t-il ?

– Je t'en prie. J'ai fait d'horribles cauchemars. Je t'ai vu, en songe, poignardé ! Et le toit de la maison s'écroulait !

César hésite : « Si je n'y vais pas, on va encore considérer que je traite le Sénat avec mépris et se plaindre de mon **arrogance.** » Brutus, envoyé par le Sénat, arrive et achève de convaincre César.

– Ne crois pas en ces mauvais présages ! Viens, nous t'attendons.

Vers 11 heures, il quitte en litière sa maison. Le trajet n'est pas long, par la via Sacra. Les solliciteurs sont si nombreux à s'agglutiner autour de lui qu'il ne peut lire le billet qu'Artémidos lui a glissé. Pourtant cet ami lui avait soufflé :

– Lis au moins ce message, c'est urgent !

Sur le trajet, César croise l'augure Spurinna. Celui-ci lui a annoncé, peu de temps auparavant, un grand malheur pour ce jour. Le dictateur lui lance :

– Eh bien, les **ides de mars** sont là !

Ce dernier lui répond, à voix basse :

– Oui, mais elles ne sont pas passées !

Lorsqu'il arrive dans la salle, un petit attroupe-

Arrogance : insolence.
Ides de mars : fêtes du 15 du mois de mars consacrées à la purification des chevaux. Elles mettent à l'honneur le dieu de la guerre, Mars.

ment se forme autour de César. Des hommes se pressent, comme pour lui rendre hommage. Tout à coup, tandis qu'il s'assied, l'un d'entre eux sort un poignard. En un éclair, César comprend : « C'est un complot. Ils veulent m'assassiner. » À peine a-t-il le temps d'étendre le bras pour se protéger qu'il est immobilisé. La lame s'enfonce dans sa poitrine. Il gémit et s'adresse à Brutus, qu'il voit prêt à le frapper :

– Toi aussi, mon fils...

Des coups lui sont portés de toutes parts. Frappé à mort, il s'effondre. Les **conjurés** se précipitent dehors et s'enfuient, de même que les sénateurs stupéfaits par le crime.

Conjuré : comploteur.

Le cadavre gît sur le sol, sans que personne n'ose l'approcher. C'est seulement quelques heures plus tard que trois esclaves le hissent sur une litière, un bras pendant dehors, et le ramènent chez lui, traversant les rues désertes d'une ville saisie d'effroi. Dans sa main, César tient encore le billet qu'il n'a pu lire. Artémidos le prévenait d'un danger imminent...

Le Sénat annonce que César recevra les honneurs divins. Le consul Antoine prépare de somptueuses funérailles. Sur le Forum, il présente au peuple la toge ensanglantée de César. Bouleversée, en larmes, la foule se rassemble.

Les uns veulent qu'on brûle César dans le sanctuaire de

Jupiter Capitolin, les autres dans la Curie de Pompée. Pendant ces discussions, deux hommes mettent le feu à la tribune où se trouve le lit funèbre. Le peuple arrache les rangées en bois pour enflammer le brasier. Les musiciens du cortège jettent leurs vêtements de cérémonie, les vétérans leurs armes, les femmes leurs parures. Le corps de César est livré aux flammes sur les Rostres, non par une décision des sénateurs, mais par le geste spontané du peuple.

Le lendemain, Brutus, Cassius et les conjurés réapparaissent : ils prétendent que la République est rétablie. Antoine, s'opposant aux meurtriers mais aussi à **Octave**, se considère comme le seul, le véritable successeur de César.

Octave : héritier de César suivant son testament.

De sombres jours s'annoncent...

EN 44 AV. J.-C., OCTAVE, petit-neveu et fils adoptif de Jules César, se bat contre ses rivaux, Antoine et Brutus, pour obtenir le pouvoir. Une guerre civile déchire la République. Octave l'emporte à Actium en 31 av. J.-C. Le Sénat lui accorde le titre sacré d'*augustus*, qui signifie qu'il a été choisi par les dieux. À sa mort, en 14, l'Empire est en place pour plusieurs siècles.

Les peuples de l'Empire
Lentement la population de l'Empire se romanise. En 212, l'empereur Caracalla accorde la citoyenneté romaine à tous les hommes libres de l'Empire.

Le mur d'Hadrien
Ce mur, construit au début du IIe siècle, tient lieu de *limes* (frontière fortifiée). Situé aux confins de l'empire, au nord de l'Angleterre, il sert à surveiller le peuple Scot (les Écossais), plutôt qu'à arrêter un assaut.

Le Colisée (amphithéâtre), Rome, Ier siècle

Le mur d'Hadrien

De la République à l'Empire
Ce bouclier, offert à Auguste, reprend la formule officielle définissant la République : « le Sénat et le peuple romain » dont SPQR est le sigle en latin. Tout en conservant les institutions de la République, le pouvoir personnel d'Auguste est quasi absolu. Il est appelé *princeps*, c'est-à-dire premier des sénateurs, prince du Sénat.

Bouclier d'Auguste

Auguste

Les règles de succession
Après la mort d'Auguste, les empereurs se succèdent de façon plus ou moins régulière. Le principe dynastique fait que le fils, adoptif ou non, prend la place du père. Mais les crises de succession n'étaient pas rares du fait de complots ou d'assassinats.

> « Antoine se considère comme le seul, le véritable successeur de César. »

Théâtre romain à Busra (Syrie)

L'empereur Auguste
La statuaire est utilisée comme une forme de propagande : représenté en *imperator*, Auguste (ci-contre) montre ainsi sa puissance militaire et les victoires remportées au nom de Rome sur ses ennemis. Dans sa main, il tient un sceptre de commandement. Sur sa cuirasse figure la restitution par les Parthes des enseignes des légions romaines de Crassus, vaincues en 53 av. J.-C. À ses côtés, l'enfant rappelle qu'il est le fils adoptif de César.

Les sources du récit

Jules César fait partie des personnages les plus connus de l'Antiquité. Et sa mort brutale n'a fait que renforcer sa légende.

Son rôle historique

Quelles qu'aient été ses intentions, César est à la charnière du passage de la République à l'Empire. Et son assassinat, qui devait empêcher la fin de la *Res Publica* (à moins que les conjurés aient eu également des motifs plus intéressés...) a plongé Rome dans une guerre civile de treize ans et l'a jetée plus vite dans le système politique que l'on voulait éviter...
César n'a pas entrepris de grandes réformes politiques, car il craignait sans doute de brusquer ses contemporains. Qui sait si, lorsque son ami Antoine lui propose la couronne, il ne lui a pas suggéré cette mise en scène pour observer les réactions de la société ?
Il a pris conscience des mutations sociales et politiques de l'empire, des dimensions nouvelles du territoire et du rôle différent qui incombait à Rome.

Les livres de César

L'ouvrage le plus important de César est *La Guerre des Gaules*. Dès sa publication, en 52 av. J.-C., il a rencontré un succès phénoménal. C'est un chef d'œuvre sur le plan du style, concis et limpide, et un témoignage-clé de ce grand moment d'histoire. César a écrit également

Cicéron
Orateur, homme politique et écrivain, il a rédigé quantité de lettres à ses contemporains et des textes sur la société. Sa correspondance offre une peinture vivante de la vie politique romaine.

Cicéron (106-43 av. J.-C.)

La Guerre civile où il raconte sa lutte contre Pompée. Ces deux ouvrages sont des récits rédigés peu après les événements, mais dans lesquels César ne dévoile ni ses pensées ni ses sentiments.

LES HISTORIENS ROMAINS

Salluste et Catulle, qui ont vécu au temps de César, sont des témoins intéressants. Plutarque et Suétone, légèrement postérieurs, apportent aussi beaucoup d'informations. On peut noter que Plutarque semble assez objectif. Suétone fait le récit de la vie de César, mais il manque le début de l'ouvrage. Tite-Live, Appien, Dion Cassius reprennent les mêmes sources que les précédents auteurs…

QUI ÉTAIT CÉSAR ?

Pour reconstituer la vie de César, de nombreux historiens ont étudié dans tous leurs détails ces livres, les ont confrontés, soupesés et évalués. Les portraits qu'ils établissent de lui sont différents, suivant le point de vue qu'ils adoptent. Certains mettent l'accent sur son caractère ambitieux, cruel, opportuniste ; d'autres présentent un homme d'État visionnaire, un chef militaire de génie, un écrivain d'exception.

PARTI PRIS DE L'AUTEUR

Pour ma part, j'ai essayé de rendre compte d'un personnage complexe, hésitant parfois, mais toujours énergique. Pour narrer les principales étapes de son existence et remettre dans leur contexte ses phrases célèbres, il fallait prendre parti, choisir, reprendre des scènes légendaires, et aussi, laisser place à l'imagination…

Jules César

La postérité de César

Son personnage a inspiré les auteurs les plus divers, chacun en tirant une couleur particulière.
Au théâtre, Shakespeare et Brecht se sont emparés de lui. Ils en ont fait un homme avide de pouvoir, dévoré d'ambition.
Le cinéma le présente en héros : son aventure avec Cléopâtre a enflammé les cœurs dans un célèbre film hollywoodien.
Enfin, les auteurs de la bande dessinée *Astérix* (Goscinny et Uderzo) ont choisi d'en faire un personnage austère et antipathique…

Crédits photographiques

h : haut b : bas
d : droite g : gauche
c : centre

18 hg : vue générale du Forum Romanum, Rome. © Scope/ Ch. Bowman ; c : Via Appienne. © Dagli-Orti ; b : *Le boucher* bas relief, Musée de la civilisation romaine, Rome. © Bridgeman-Giraudon.

19 h : maquette de maisons romaines à étages, Musée de la civilisation romaine, Rome. © Dagli-Orti ; b : dessin de thermes romains © Guides Gallimard.

30 h (et p. 5) : tête de Jupiter, terre cuite Ier-IIe s., Fitzwilliam Museum, Université de Cambridge. © Bridgeman/Giraudon ; b : deux époux romains figurés en Mars et Vénus, sculpture, Musée du Louvre, Paris. © RMN/ R.G. Ojeda.

31 c : scène de préparation d'un sacrifice, marbre Ier s., Musée du Louvre, Paris. © RMN/ H. Lewandowski ; h : dieux Lares, bronze, Musée du Louvre, Paris. © RMN/ H. Lewandowski ; b : le temple de Jupiter Héliopolitanus à Baalbek, Liban. © Bridgeman/Giraudon.

42 h : monnaie romaine en argent, Ier s. av. J.-C, gens Cassia, scène de vote, Bibliothèque Nationale de France ; bg : portrait de Jules César, marbre, Musée et Galerie nationale de Capodimonte, Naples. © Bridgeman/Giraudon.

43 g : patricien portant deux bustes dit Statue Barberini, marbre, Musée du Capitole, Rome. © Dagli-Orti ; hd : magistrat romain, Musée archéologique, Florence. © Scala ; b : la Curie sur le Forum, Rome. © Scala.

54 g : cavalier romain, art gallo-romain, bronze provenant d'Orange, Musée des antiquités nationales, Saint-Germain-en-Laye. © Dagli-Orti ; d : le triomphe de Tibère, coupe Boscoréale, argenterie de Pompéi, Musée du Louvre, Paris. © RMN ; c : glaive avec son fourreau provenant de Pannerden, Musée provincial G.M. Kam, Nimègue, Pays-Bas. © Dagli-Orti.

55 h : le recensement des soldats, relief de Domitius Ahenobarbus, marbre, Ier s. av. J.-C. Musée du Louvre, Paris. © RMN/ Chuzeville ; b : soldats et officiers romains, marbre, Musée du Louvre, Paris. © RMN/ H. Lewandowski.

66 h : barbare combattant un légionnaire romain, relief en marbre, Musée du Louvre, Paris. © RMN/ R.G. Ojeda ; b : casque en bronze, or, émail et fer trouvé à Amfreville dans l'Eure, III-IVe s. av. J.-C, Musée des Antiquités Nationales, Saint-Germain-en-Laye. © RMN/ J. Schormans.

67 h : torque en or, trouvé à Mailly le Camp, III-IVe s. av. J-.C, Musée des Antiquités Nationales, Saint-Germain-en-Laye. © RMN/ G. Blot ; c : effigie de Vercingétorix, monnaie, or, collection Jean Vinchon. © Dagli-Orti ; b : Cernunnos, vase de Gundestrup, or et argent, Musée National, Copenhague. © AKG/ E. Lessing.

76 g : scène de transport de passagers, bas-relief gallo-romain, Vaison la Romaine, Musée lapidaire, Avignon. © Dagli-Orti ; c : le transport du vin par bateau, bas-relief gallo-romain, Cabrières d'Aygues, Musée lapidaire, Avignon. © Dagli-Orti.

77 c : le pont du Gard. © Scope/ J. Guillard ; cb : arènes de Nîmes © Photo12.com/ Gilles Rivet ; b : collecteur de taxe, bas-relief, art gallo-romain, Musée d'art et d'histoire Metz © Magnum/ E. Lessing.

88 g : felouque sur le Nil © H. Fougère/ Bios ; c : monument funéraire avec Anubis, Musée Pouchkine, Moscou. © Scala.

89 h : tombe pyramidale du préteur Cestius sur la route de Rome à Ostie. © Magnum/E. Lessing ; b : portrait supposé de Cléopâtre VII, marbre, 30-40 av. J.-C, British Museum, Londres. © Bridgeman/Giraudon.

100 g : bijoux romains, or, pâte de verre, améthyste, coll. privée. © Bridgeman-

Giraudon ; c : enseignement religieux d'une jeune fille, fresque romaine, Ier s. av. J.-C, villa des mystères, Pompéi. © Bridgeman/Giraudon.

101 h : portrait d'une jeune fille, fresque romaine, Ier s., Musée et Galerie nationale de Capodimonte, Naples. © Bridgeman/Giraudon ; b : Vénus à sa toilette, mosaïque, IIIe s., Musée national du Bardo, Tunis. © Bridgeman-Giraudon.

110 h : acteurs répétant une pièce satyrique, mosaïque, 62-79, Musée archéologique national, Naples. © Bridgeman/Giraudon; b : casque de gladiateur, bronze et argent, Pompéi, Musée du Louvre, Paris. © RMN/ H. Lewandowski.

111 h : jeux du cirque Massimo à Rome, mosaïque, fin IIIe-IVe, villa romaine du Casale, Piazza Armerina. © Dagli-Orti ; g : musiciens de rue, mosaïque, Ier s. av. J.-C., Musée archéologique national, Naples. © Bridgeman/Giraudon; d : gladiateur, statuette, bronze, Ashmolean Museum, Oxford. © Bridgeman-Giraudon.

122 d : vue du Colisée, Rome. © Bridgeman/Giraudon; b : bouclier votif en marbre d'Auguste, Ier s. av. J.-C., Musée lapidaire d'art païen, Arles. © Dagli-Orti ; cd : le mur d'Hadrien © Dagli-Orti ; c : l'empereur Auguste, sculpture, marbre vers 20 av. J.-C., Musées du Vatican. © Bridgeman-Giraudon.

123 : théâtre romain à Bursa en Syrie. © Bridgeman-Giraudon.

124 : Cicéron, sculpture, marbre, Palais ducal, Mantoue. © Bridgeman-Giraudon.

125 : Jules César, gravure, Bibliothèque Nationale de France, Paris.

BIBLIOGRAPHIE

L'Histoire du peuple romain, Découvertes Junior, Gallimard Jeunesse, 1991.

Simon James, *Rome la conquérante*, Gallimard Jeunesse, 1990.

Richard Platt, *Jules César, maître de Rome*, Gallimard Jeunesse, 2001.

SITES INTERNET

http://www.ukans.edu/history/index/europe/ancient-rome/F/Roman/home.html

http://www.ac-versailles.fr/pedagogi/anti/caesar/cesar0.htm

http://www.bibracte.fr/

SUR LES TRACES

Direction éditoriale :
Françoise Favez
Direction artistique :
Élisabeth Cohat

Sur les traces de Jules César

Graphisme :
Laure Massin, Christine Régnier
Édition :
Françoise Favez
Iconographie :
Nathalie Lasserre

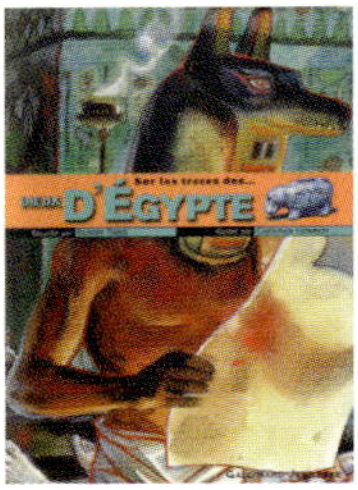

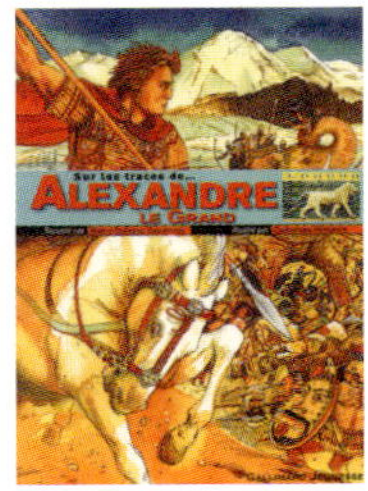

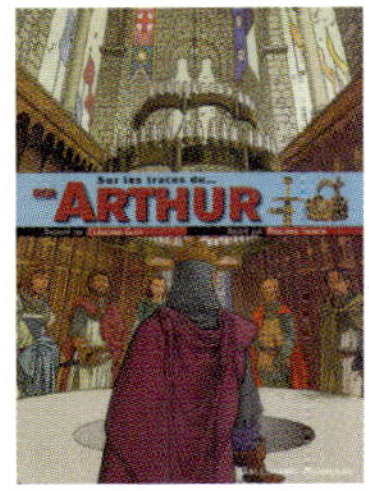

DANS LA MÊME COLLECTION :

Sur les traces...

des dieux d'Égypte - de Moïse - d'Ulysse - des fondateurs de Rome - d'Alexandre le Grand - de Jules César - de Jésus - d'Aladdin - des Vikings - du roi Arthur - de Marco Polo - de Jeanne d'Arc - de Christophe Colomb - de Léonard de Vinci - des Pirates - des Esclaves de Napoléon - de Darwin - des Arabes et de l'islam - Cléopâtre